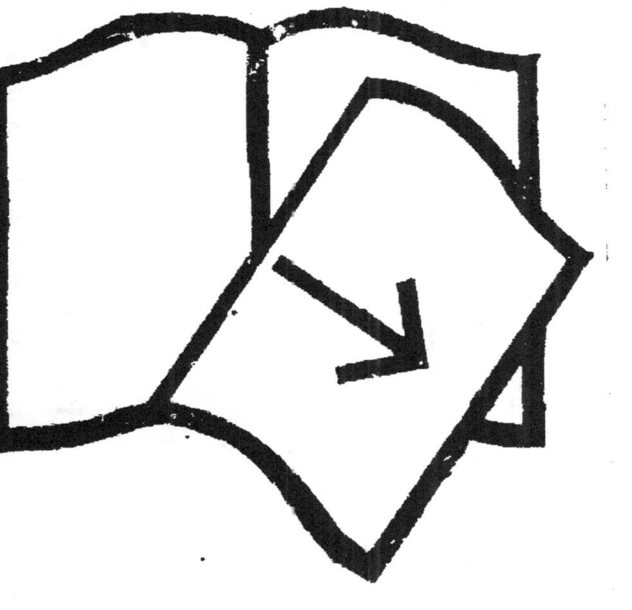

Couverture inférieure manquante

Début d'une série de documents
en couleur

LES
ARTICLES SECRETS

PACIFICATION DE LA VENDÉE EN 1795

PAR

L. DE LA SICOTIÈRE

Extrait de la *Revue des Questions historiques*, Janvier 1881.

PARIS

LIBRAIRIE DE VICTOR PALMÉ, ÉDITEUR

76, rue des Saints-Pères, 76.

1881

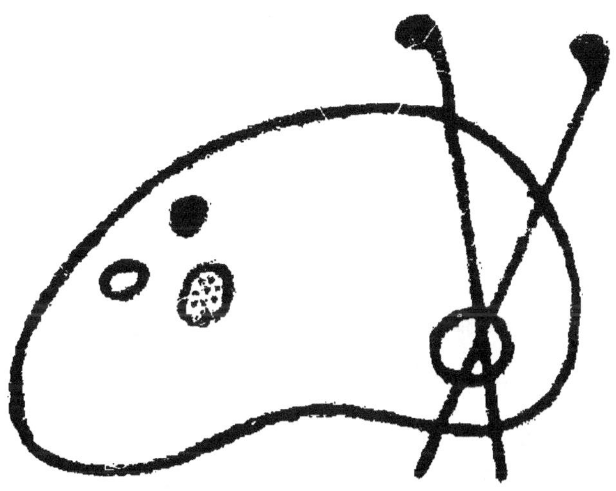

Fin d'une série de documents
en couleur

LES ARTICLES SECRETS

PACIFICATION DE LA VENDÉE EN 1795

LES

ARTICLES SECRETS

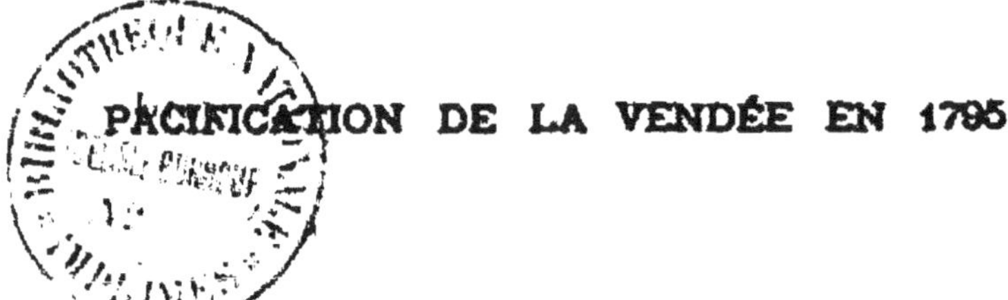

PACIFICATION DE LA VENDÉE EN 1795

PAR

L. DE LA SICOTIÈRE

Extrait de la *Revue des Questions historiques*, Janvier 1881.

PARIS

LIBRAIRIE DE VICTOR PALMÉ, ÉDITEUR

76, rue des Saints-Pères, 76.

1881

LES ARTICLES SECRETS

PACIFICATION DE LA VENDÉE EN 1795.

La question des Articles Secrets est d'un grand intérêt historique. Du jour où elle naquit, elle partagea l'opinion ; elle la partage encore. Presque tous les historiens de la Révolution l'ont touchée en passant ; très peu, aucun même croyons-nous, avec l'attention qu'elle mérite. La plupart ont entrevu la solution au travers de leurs préjugés royalistes ou révolutionnaires, au lieu de remonter aux sources et de la chercher dans les documents originaux et contemporains, dans le rapprochement et la critique des éléments, nombreux et divers, que, de part et d'autre, on peut invoquer.

Est-il donc constant que, lors du Traité de Pacification de la Jaunaye [1], conclu entre les Représentants du peuple, d'une part, Charette et Cormatin, de l'autre, le 29 pluviôse an III (17 février 1795), il ait été convenu secrètement, en dehors des articles officiels et destinés à la publicité, que la royauté serait rétablie et que les enfants de Louis XVI seraient remis aux mains de Charette au mois de juin suivant, ou simplement que cette remise aurait lieu ?

Si invraisemblable, si impossible que puisse paraître une pareille supposition, il la faut envisager de sang froid, sans parti pris, et n'omettre autant que possible aucune des circonstances qui peuvent éclaircir la question.

I

LA SITUATION EN 1795.

Un premier point, très important à fixer, est la situation respective du Gouvernement de la République et du parti royaliste, au moment où fut conclu le traité de la Jaunaye.

[1] Nous adoptons ici l'orthographe la plus usitée dans le pays même.

C'est une erreur trop générale que de croire que la Terreur aurait cessé avec la chute de Robespierre et de ses partisans.

Les Thermidoriens, qui les proscrivirent, avaient cédé à la crainte d'être eux-mêmes proscrits, beaucoup plutôt qu'au désir de faire rentrer la Révolution dans les voies de la modération, de la justice et de l'humanité. Les principaux d'entre eux s'étaient faits en toute circonstance les complices ou les complaisants du système froidement atroce de Robespierre ; quelques-uns l'avaient exagéré jusqu'à la fureur, jusqu'au délire, à ce point de lui faire un crime, réel ou imaginaire, d'avoir voulu s'arrêter et les arrêter eux-mêmes dans la voie sanglante des proscriptions. Mais ils avaient dû céder, la plupart du moins, à la pression de l'opinion publique qui croyait ou feignait de croire que leur programme était un programme d'humanité, et leur en imposait les conséquences. La rentrée dans le sein de la Convention des proscrits du 31 mai, donnait aux modérés la force et la parole qui leur manquaient depuis longtemps. Beaucoup des Thermidoriens étaient d'ailleurs gens de plaisir, d'argent, d'intrigue, sans préjugés et sans principes [1]. Ils dominaient cependant la Convention, décapitée des anciens chefs de parti qui l'avaient tour à tour dirigée, Brissot, Vergniaud, Danton, Robespierre, déchirée en coteries haineuses, et dont l'énergie dernière s'épuisait en luttes stériles. Ils dominaient aussi le Comité de Salut public [2]. En réalité, plus de gouvernement. Ni un homme ni une idée qui pût aspirer à l'empire ; mais un système de bascule et d'expédients qui, de faiblesse en faiblesse et de réaction en réaction [3],

---

[1] V. la très curieuse brochure de Dussault : *Fragments pour servir à l'histoire de la Convention nationale depuis le 10 thermidor jusqu'à la dénonciation de Lecointre exclusivement.*

[2] A l'époque des négociations de la Jaunaye (29 pluviôse an III), le Comité de Salut public devait se composer de Merlin de Douai, Fourcroy, Lacombe, Maree, Bréard, Chazal, André Dumont, Dubois-Crancé, Boissy-d'Anglas, Cambacérès, Pelet de la Lozère et Carnot. Les trois premiers n'ayant été nommés que le 15 pluviôse, en remplacement de Prieur de la Marne, Richard et Guyton-Morveau, il serait possible que ceux-ci eussent eu aussi une certaine part aux négociations (*Procès-verbal de la Convention nationale ;* — Buchez et Roux, *Hist. Parlement.*, t. XXXVIII, p. 95).

[3] Le Tribunal révolutionnaire suspendu, puis rétabli, puis réorganisé ; — les dénonciations portées par Lecointre contre les anciens membres du Comité de Salut public et du Comité de Sûreté générale (Billaud-Varennes, Collot d'Herbois, Barère, David, Vadier, Amar et Voulland), rejetées avec indignation une première fois, et plus tard accueillies ; — Carrier lui-même, objet tout d'abord de longs et étranges ménagements, et ses complices, un

devait aboutir aux insurrections, si diverses dans leurs mots
d'ordre, si unes comme manifestation des hostilités de l'opinion,
des 12 germinal et 1ᵉʳ prairial an III, et 13 vendémiaire an IV
(1ᵉʳ avril, 20 mai, 5 octobre 1795), dont le tocsin sonna l'agonie
de la Convention. Seule intacte, la gloire de nos armes au
dehors.

Il semble que l'on eût pu accuser les Thermidoriens de tout,
excepté de royalisme. Ils avaient voté la mort de Louis XVI.
Pour ses malheureux enfants, ils n'avaient eu ni justice ni
pitié ; les instructions du Comité de Salut public dans la négociation du traité de paix avec l'Espagne (mars 1795) portaient
même interdiction de rien entendre qui les concernât.

Il est incontestable, cependant, que Louis XVIII avait des intelligences au sein de la Convention. Quelques-uns des hommes
les plus compromis du parti révolutionnaire avaient accepté les
ouvertures faites en son nom ; d'autres ne les repoussaient pas,
ce qui était presque les accepter. On a signalé comme acquis à sa
cause et même entretenus à sa solde, Lanjuinais, Rovère, Fréron,
Barras, Boissy d'Anglas, Isnard, de Fermon, Cambacérès, Ben-
tabolle, Tallien, Henri Larivière, Levasseur, Lomont, Taveau,
Dubois-Du Bais [1]. Quelques-uns de ces noms sont au-dessus du
soupçon de vénalité ou de trahison ; les autres, non. Parmi ceux
mêmes qui ne se livraient pas, plusieurs se laissaient volontiers
entretenir par les agents des Princes des chances diverses de
l'avenir, et comme ils n'avaient aucune opinion et ne répu-
gnaient à rien de ce qui pouvait réussir, ces agents s'imaginaient
trop facilement peut-être les avoir gagnés.

peu plus tard, poursuivis avec une rigueur sans précédents, au point d'être
remis en jugement après un premier acquittement ; — le décret qui avait
ordonné l'impression de la liste des personnes remises en liberté et de celles
qui avaient provoqué leur élargissement, rapporté le lendemain : — Marat
apothéosé, puis jeté à l'égout ; — les Girondins mis hors la loi au 31 mai 1793,
maintenus provisoirement sous le coup de cette proscription, et les Députés
qui avaient protesté en leur faveur rappelés dans l'Assemblée ; — le chef
des Jacobins, l'organisateur des émeutes, fermé par une émeute ; — les proscrits de prairial violemment dépouillés des garanties légales qu'on avait
multipliées pour protéger l'inviolabilité de Carrier : — voilà une pâle esquisse
de ces contradictions perpétuelles où s'usèrent les derniers mois de la Convention.

[1] Villiaumé, *Histoire de la Révolution française*, t. IV, p. 292. — Durante,
Histoire de la Convention, t. VI, p. 19. — H. Castille, *Histoire de la Révolution française*, t. IV, p. 174, — etc.

Toujours est-il que les négociations d'un traité de paix avec la Vendée offraient, dans ces conditions, un vaste champ aux témérités et aux intrigues de toute sorte.

Assurément, ce n'est pas l'amour de la vieille race des Bourbons, ce n'est pas non plus un retour raisonné au système monarchique qui aurait incliné à des concessions analogues à celles des Articles Secrets, soit la Convention, soit le Comité de Salut public ; mais ils étaient fort incertains du présent et fort inquiets de l'avenir.

La guerre de la Vendée les gênait singulièrement. « L'inexplicable Vendée existe encore, » avait dit Barrère le 1ᵉʳ octobre 1793, et dix-huit mois après, le phénomène toujours plus inexplicable, se dressait devant eux ! Le sang républicain, comme le sang royaliste, inondait cette malheureuse contrée. Elle ne versait plus d'impôts dans les coffres de l'État, et leur coûtait des sommes énormes. Les troupes qu'on y accumulait laissaient un vide terrible dans les armées qui luttaient glorieusement sur la frontière. Mal vêtues, mal logées, n'ayant qu'un pain de qualité détestable, et même n'en ayant pas toujours, ne pouvant se hasarder à marauder sans courir les plus grands dangers dans un pays entièrement hostile, elles souffraient beaucoup. Nantes souffrait également de la famine, entouré et comme bloqué par d'invisibles ennemis. Ce n'était donc ni par humanité, ni par justice, que beaucoup de Conventionnels, qui s'étaient associés jusque-là à toutes les rigueurs, à toutes les atrocités exercées contre la Vendée, qui avaient applaudi aux lettres, fort transparentes pourtant, de Carrier lui-même, s'étaient subitement convertis à des vues de modération, mais par fatigue, par impuissance. On s'était résigné à demander à l'amnistie le désarmement que les Colonnes infernales n'avaient pu imposer [1].

---

[1] Le Décret de la Convention qui proclame l'amnistie est du 2 décembre 1794 ; il avait été provoqué par un Exposé collectif de quelques-uns des députés des départements insurgés. L'amnistie était offerte aux chefs et aux soldats, sans distinction, qui déposeraient les armes dans le délai d'un mois. Les Représentants Menuau, Delaunay, Gaudin, Lofficial, Morisson, Chaillon, Guezno et Guermeur étaient envoyés pour assurer l'exécution du décret, avec les mêmes pouvoirs que les autres Représentants délégués près des armées et dans les départements. Une proclamation l'accompagnait (Savary, *Guerres des Vendéens et des Chouans*, t. IV, p. 192 et suiv.). Quelques mesures partielles d'indulgence avaient été prises antérieurement par différents Représentants, notamment par Boursault, qui devait se prononcer violemment, plus tard, contre la Pacification.

Les Représentants en mission dans la Vendée étaient entrés ardemment dans ces idées, la plupart du moins ; car d'autres, comme Boursault, quoique favorables au fond aux mesures d'indulgence, étaient plus hostiles à la Pacification. Ils étaient fort divisés entre eux, assez disposés, par suite, à faire ou à accueillir individuellement des ouvertures qui eussent paru étranges en d'autres circonstances. Chez les uns, le désir sincère de rendre à tout prix la paix à un pays si cruellement dévasté ; chez d'autres, l'honneur d'attacher leur nom à une œuvre aussi glorieuse, pouvaient être un aiguillon puissant.

Veut-on savoir, du reste, l'opinion intime de Hoche sur le caractère des Représentants qui traitèrent au nom de la République? La voici dans sa terrible crudité [1] :

« Voilà donc les soutiens de ma triste patrie! O douleur! En quelles mains sont confiés les intérêts de la République ? Hommes petits et bas, que cherchez-vous ici?... Ennemis implacables de toute honnêteté, ivrognes, débauchés, ignorants et vains, tel est, à l'exception de Fermont et de Lanjuinais, le caractère des membres de notre congrès [2] Dans la délibération, nul ordre; l'un crie, son voisin dort, un troisième... Est-ce ainsi que se comportent nos ennemis?... Leurs repas sont moins longs et moins fréquents... Indigne Ruelle [3], reçois ici le tribut de mon indignation ! Après avoir rampé devant Charette, tu fais servilement ta cour à Cormatin...; ton espoir est vain ; tu ne rencontreras d'autre prix de ta bassesse que la honte qui lui est due. »

[1] Notes extraites des papiers du Général, et publiées par M. Bergounioux dans son *Essai sur la vie de Lazare Hoche*, 1855, in-9°, p. 133.

[2] Hoche parle ici des Représentants qui conclurent la paix à la Mabilais, avec les Chouans, en avril 1795, et dont voici les noms : Guezno, Guermeur, Grenot, Corbel, Lanjuinais, de Fermon, Ruelle, Bollet, Jary, Chaillon. Les négociateurs véritables du traité avec Stofflet furent Dornier, Ruelle, Bollet, Jary, Chaillon (Du Chatellier, *Histoire de la Révolution dans les départements de l'ancienne Bretagne*, t. V. p. 41). Beaucoup de ces noms figuraient déjà dans les signatures du traité de la Jaunaye avec Charette : De launay, Pomme, Brue, Lofficial, Chaillon, Bollet, Jary, Menuau, Dornier, Morisson : personnages bien obscurs pour la plupart, qui avaient joué dans la Révolution et devaient avoir plus tard des rôles très différents. M. Du Châtellier (t. V, p. 11) n'hésite pas à accuser ceux qui traitèrent avec Stofflet, « de complot aveuglement, de défection, de trahison. »

[3] Ruelle (Albert), personnage de mémoire assez équivoque; avocat à Tours, juge au tribunal de Bourgueil, 1790 ; suppléant à la Législative; membre de la Convention pour le département d'Indre et Loire; régicide; des cinq cents, 1796; sorti en 1797; sous préfet de Chinon, 1800 ; banni, 1816. Il joua le rôle principal dans les négociations pour la Pacification.

Telle était donc la situation du Gouvernement de la République, tels étaient ses Représentants, quand ils entrèrent en pourparlers avec les Royalistes.

Ceux-ci avaient également besoin de la paix, un besoin absolu.

La campagne de Charette (1794-1795), avait été un prodige de courage et d'habileté. C'est à propos des qualités qu'il y avait déployées, que Napoléon, bon juge assurément, a dit de lui : « Il laisse percer du génie [1]. » Mais il était à bout de ressources. Ses officiers les plus braves avaient été tués ; ceux qui restaient étaient épuisés de fatigue. Il n'avait plus de munitions, depuis surtout que Hoche avait supprimé le système des cantonnements et faisait porter aux soldats leurs cartouches. Il ne lui restait pas en magasin trente livres de poudre [2]. Les vivres manquaient également [3]. Enfin, il avait à combattre deux ennemis nouveaux et redoutables : l'amnistie, qui décimait son armée, et Hoche, aussi habile diplomate que vaillant général, si supérieur aux chefs ineptes ou féroces qui l'avaient précédé dans le commandement [4].

Entre Stofflet, dont l'armée était d'ailleurs très peu nombreuse, et Charette, il existait des jalousies et des tiraillements qui les affaiblissaient tous deux. La Bretagne, que Puisaye avait organisée avec un remarquable talent, était, pendant son absence en An-

---

[1] *Mémorial de Sainte-Hélène.*

[2] Auvinet, *Eclaircissements historiques*, cités plus bas.

[3] « Charette convoqua à son quartier général de Vieille-Vigne ses chefs de division et les principaux propriétaires du pays. Il s'était auparavant enquis exactement des moyens qui lui restaient pour nourrir son armée pendant l'hiver. Son commissaire ordonnateur était l'abbé Remaud, curé de Maché, homme énergique et de grande influence, qui était en même temps aumônier du quartier général et avait beaucoup d'influence sur les paysans. D'opinion et de courage, il était fort opposé à la paix ; mais il n'en fallait pas moins dire la vérité à son général. La guerre n'avait point permis d'ensemencer la même étendue de terres que dans les années ordinaires ; à peine avait-on recueilli assez de blé pour nourrir les habitants. — « Vous avez de quoi empêcher le pays de mourir de faim, lui dit Charette, mais pas de quoi fournir à la subsistance de l'armée. Vous savez que l'ordre est impossible à établir dans les distributions, et qu'un soldat consomme deux fois plus qu'un paysan. Donnez-moi du pain, et je continuerai la guerre. Puisque vous ne pouvez empêcher mes hommes de mourir de faim, je vais faire la paix. » (Barante, *Hist. de la Convention nationale*, t. V. p. 501 ; il cite les mémoires manuscrits du curé Remaud.)

[4] « Je redoute moins la terreur et la cruauté des bourreaux de mon pays, » écrivait Puisaye à Pitt, « que leur apparente modération. » (*Mémoires*, t. III, p. 70.)

gleterre, dirigée par un chef qui n'inspirait aucune confiance à ses officiers, Désoteux, dit Cormatin.

L'espoir de voir un prince de la maison de Bourbon débarquer sur les côtes de France et prendre le commandement dé l'insurrection, s'éloignait de plus en plus.

Tout poussait donc à la paix ou du moins à une trève déguisée sous ce nom, les Royalistes comme les Républicains.

Nous n'avons pas à revenir sur les négociations qui préparèrent le traité de la Jaunaye. Le récit s'en trouve dans la plupart des histoires de la Vendée.

On sait qu'elles furent entamées par Mᵐᵉ Gasnier-Chambon; Mˡˡᵉ de Charette, sœur du Général; Bureau de la Batardière, personnage assez frivole, qui dut s'étonner lui-même de la gravité du rôle qu'il joua dans cette circonstance, et le Représentant Ruelle, qui désirait ardemment la paix, et alla jusqu'à se compromettre pour en amener la conclusion [1].

Les Conférences s'ouvrirent le 12 février 1795 (24 pluviôse an III) au petit château de la Jaunaye, dans la commune de Saint-Sébastien, à une lieue et demie de Nantes.

Stofflet, très peu favorable à la paix en ce moment, n'arriva à la Jaunaye qu'après les Conférences et lorsque tout était terminé. Il repartit aussitôt, avec des paroles de menace et de mécontentement.

Quant à Cormatin qui, comme nous l'avons dit, remplaçait provisoirement Puisaye dans le commandement supérieur de la Bretagne, les difficultés de sa situation vis à vis de certains chefs, l'avis qu'il avait reçu que plusieurs d'entre eux étaient disposés à faire leur soumission, peut-être aussi le besoin de jouer un rôle, qui était sa manie habituelle, le poussèrent naturellement à s'associer aux négociations entamées par Charette. Puisaye lui a reproché d'avoir agi sans consulter le Conseil supérieur de l'armée royale de Bretagne et même de s'être fabriqué des pouvoirs en contrefaisant la signature du Général en chef : imputation contre laquelle Cormatin a toujours protesté et qui ne nous

[1] Pour s'accréditer auprès de la Convention, il avait supposé, très gratuitement, un commencement de rapprochement entre les deux armées, et des remises de prisonniers, qui n'existaient encore que dans son imagination ou dans ses désirs (*Moniteur* du 29 nivôse an III ; — Beauchamp, *Histoire de la guerre de la Vendée*, t. III, p. 103, — etc.)

paraît pas justifiée. Il avait, d'ailleurs, tenu Puisaye au courant
des ouvertures qui lui étaient faites et de son intention d'y adhérer, en le pressant, en le suppliant de venir prendre la direc-
tion des négociations [1].

Il se rendit à la Jaunaye, avec un sauf-conduit du général
Humbert. Là, son rôle se serait borné, si l'on en croit les notes
autobiographiques qu'il a laissées [2], à prendre le mot d'ordre de
Charette et à se conformer docilement à toutes ses résolutions.
C'est trop invraisemblable pour être vrai. Quelque chose de plus
grave est l'aveu qu'il faisait à Puisaye que l'affaire du Traité
n'était pour lui qu'un moyen d'*amuser* ses ennemis.

Voici le programme des demandes formulées par Charette au
nom de la Vendée, tel qu'il le remit aux Représentants. Sans le
discuter, article par article, il faut bien reconnaître que l'ensemble en offrait une grande hardiesse et que la République
Française, une et indivisible, n'était guère accoutumée à s'entendre tenir un pareil langage. Nous verrons plus loin qu'elle
accepta ce programme dans beaucoup de ses points principaux [3].

« ARTICLE PREMIER. La liberté des opinions religieuses étant un
droit imprescriptible, il sera permis aux habitants de la Vendée
d'avoir le libre exercice du culte catholique, dont les frais seront uniquement supportés par ceux qui en feront profession. La sûreté et la
protection la plus spéciale sera accordée aux ministres de ce culte qui
n'ont point prêté le serment, avec faculté de rentrer dans leurs
domaines patrimoniaux.

« ART. II. Les traitements ci-devant accordés aux religieux et religieuses leur seront continués, tant à ceux et celles qui existent parmi
nous, qu'aux autres qui, dispersés par la persécution, voudraient y
habiter.

« ART. III. Les habitants de la Vendée s'engagent, sur leur parole

---

[1] *Mémoires*, t. IV et V.

[2] Nous devons la communication de ces précieuses notes inédites à M. Char-
les Renard, de Caen, bibliothécaire de la Société des Antiquaires de Normandie et connu par d'intéressantes publications sur l'histoire de la Révolution.

[3] Nous publions cette pièce et beaucoup d'autres, *in extenso*, malgré leur
longueur et au risque de ralentir l'intérêt du récit ; mais il nous paraît indispensable de placer sous les yeux des lecteurs les textes mêmes qui peuvent
éclairer la discussion, et dont, en les analysant, on a trop souvent tiré des
inductions forcées. Elle se trouve dans Savary, *Guerres des Vendéens et
des Chouans*, t. IV, p. 333.

d'honneur, à ne jamais porter les armes contre la République. Il ne sera employé, pour avoir ces armes, aucun moyen violent ; on persistera seulement dans l'offre qui a été faite de les rembourser à ceux qui les rapporteront.

« ART. IV. L'intérêt pressant de l'agriculture et des arts, la nécessité de faire disparaître l'opinion alarmante qui a longtemps circulé que l'on détruirait ou chasserait du pays les anciens habitants pour les remplacer par des colons étrangers et de nouveaux propriétaires, réclamant l'emploi de tous les bras, la Vendée jouira de l'exemption la plus complète de milices et ne sera sujette à aucune réquisition.

« ART. V. Si cependant une puissance ambitieuse et rivale tentait ouvertement d'usurper le trône, les braves habitants de la Vendée n'oublieraient pas qu'ils sont Français. Ils prennent l'engagement solennel de mourir comme tels.

ART. VI. La France entière ayant partagé avec nous l'horreur qu'inspirent les atrocités des Carrier, des Robespierre et adhérents, on ne recevra dans la Vendée aucun individu qui aurait secondé leurs criminels projets. Nul absent n'y sera par conséquent admis, à moins d'épuration de sa conduite, ou qu'il ne soit réclamé par la paroisse de son domicile [1].

« ART. VII. Les besoins indispensables des armées ayant exigé une grande consommation de bestiaux pris tant sur les domiciliés que sur les absents, et la perception de quelques parties des revenus de ces derniers, il ne sera fait à ce sujet aucune recherche ni perquisition. L'abandon des domaines de ces mêmes absents nous ayant aussi engagés, pour l'intérêt de l'agriculture, à consentir des baux à courts termes, les preneurs seront maintenus pour l'année courante, en remplissant les conditions.

« ART. VIII. Tous les habitants de la Vendée rentreront de suite, et par le seul fait de la Pacification, dans la jouissance pleine et entière de tous leurs droits et propriétés. La conservation des biens, ainsi que des prétentions héréditaires des enfants ou parents de ceux qui ont péri victimes de jugements illégaux et prononcés dans des temps d'oppression, est aussi expressément stipulée.

« ART. IX. La Vendée sera indemnisée le plus promptement possible, et dans le délai de trois mois à dater de la signature du présent, des incendies et toutes autres pertes causées par la guerre désastreuse dont elle a été le théâtre, et d'après une vérification contradictoire.

« ART. X. Tous les bons signés par les chefs, leurs commissaires aux vivres et autres délégués, seront remboursés dans le même délai de trois mois, ainsi que les assignats dont les habitants de la Vendée

---

[1] Cet article était dirigé contre les Réfugiés.

seraient possesseurs, et qui se trouveraient supprimés par des décrets.

« ART. XI. Les habitants de la Vendée jouiront de l'exemption de tous impôts quelconques pendant l'espace de dix ans, et tous les encouragements nécessaires pour le rétablissement des manufactures qui la rendaient florissante, leur seront accordés.

« ART. XII. Les indemnités et les encouragements donnés aux habitants de la Vendée pouvant faire naître des jalousies préjudiciables à la solidité de la paix, si le pays était mélangé pour l'administration avec les portions des départements voisins, il sera formé un département pour toute la contrée insurgée.

ART. XIII. La dénomination de districts et de municipalités pouvant inspirer de l'effroi et renouveler des mouvements d'inquiétudes et de craintes, on substituera des établissements plus susceptibles d'obtenir la confiance.

« ART. XIV. Les membres qui composeront ces divers établissements seront choisis et présentés par les chefs de la Vendée et commissionnés par les Représentants du peuple.

« ART. XV. Les circonstances exigeant impérieusement l'établissement d'une force armée répressive des désordres, il sera formé, dans le plus bref délai, par les chefs de la Vendée et sous leur commandement, un corps de troupes suffisant, et à la solde du département.

« ART. XVI. Les habitants de la Vendée ne voulant heurter les principes de qui que ce soit, mais décidés, au contraire, à observer la neutralité la plus exacte, ne seront assujettis à aucune marque extérieure.

« ART. XVII. La République retirera ses troupes de tous les postes de l'intérieur de la Vendée, dans lesquels sont compris ceux de Machecoul, de Challans, etc.; elle conservera néanmoins le passage libre pour ses troupes par les routes ordinaires pour communiquer aux Sables et à la Rochelle, sans pouvoir s'étendre dans l'intérieur, ni séjourner plus de deux jours dans les lieux de repos.

« ART. XVIII. La plus grande latitude sera donnée à la liberté du commerce, et les convois de la République seront hautement protégés par la force armée sous les ordres des chefs de la Vendée.

« ART. XIX. On accordera aux Républicains qui ont passé dans la Vendée la liberté d'y rester, et s'ils veulent rentrer dans leurs foyers, ils auront sûreté pour leurs personnes et la jouissance de leurs propriétés.

« ART. XX. La même sûreté et la participation aux mêmes avantages seront données aux émigrés qui sont venus se joindre aux habitants de la Vendée.

« Art. XXI. Les habitants de la Vendée, convaincus que les Émigrés ont toujours le cœur français, et que la persécution seule les a forcés à fuir vers un sol étranger, sollicitent la Convention de leur accorder la facilité de rentrer dans leur patrie pour y jouir des bienfaits de la Pacification. Ils réclament la même faveur pour les ministres du culte catholique qui ont été déportés.

« Art. XXII. Le présent Traité sera ratifié par la Convention nationale. »

Comme pour accentuer encore la portée de ce programme, le jour même où il fut remis aux Représentants (12 février-24 pluviôse), Cormatin, toujours possédé du besoin de se mettre en avant, faisait placarder, sous le titre de *Paroles de Paix*, un manifeste où l'hypothèse du rétablissement de la monarchie était formellement posée ; les termes en sont très dignes d'attention :

« Les Royalistes de la Bretagne, ceux de la Normandie, du Maine, de l'Anjou et des autres provinces de la France, persuadés qu'un gouvernement entièrement populaire est sujet à de fréquentes et grandes commotions, et qu'elles se font toujours aux dépens de l'État et du bonheur de tous.... ; convaincus que les Français, d'après leur caractère physique et moral, ne pourront jamais être heureux que sous le gouvernement d'une monarchie... souscrivent à tout ce que fera le général Charette pour établir l'union, la paix et la concorde entre les Français. *Il suffira seulement que l'on promette, avec garantie de les remplir par la suite, ceux des articles dont on ne pourrait pas pour le moment obtenir l'exécution. Ce n'est que par des nuances douces et insensibles que les Français doivent se flatter de ramener le bonheur parmi eux* [1].

« Cormatin, mar. de Camp, major général de l'armée catholique de Bretagne.

« Adhésion de Solilhac, aide major général, et de Richard, capitaine, envoyés du Conseil de l'armée de Bretagne auprès de Cormatin.

« Nantes, 14 février. »

Que l'on veuille bien réfléchir que ceci était imprimé quelques jours avant la Pacification de la Jaunaye, au milieu des négociations et pour ainsi dire sous le regard des Représentants de la République !

[1] S. l. n. d., 4 p. in-8° ; réimpr. dans Savary, t. IV, p. 334.

Il paraît tout à fait invraisemblable, impossible même, que de ces espérances, de ces revendications si audacieusement formulées à l'ouverture des Conférences, il n'ait plus été question dans la discussion.

Ces Conférences durèrent, avec quelques interruptions, du 12 au 17 février. La petite Vendée avait l'honneur de traiter de puissance à puissance, avec la grande République ! L'assemblée était nombreuse. Charette avait amené avec lui quatre de ses officiers supérieurs et quatre employés civils ; les Représentants étaient au nombre de onze. Hoche n'avait pas voulu s'y trouver. Le général Canclaux y assistait, mais gêné par la découverte d'une lettre compromettante que Puisaye, son ancien camarade, venait de lui adresser, il se tint sur le second plan. Un témoin oculaire, secrétaire de Charette [1], a laissé des discussions ce tableau qui doit être fidèle :

« La manie de la déclamation et l'enthousiasme de la Tribune étaient tellement épidémiques dans ces temps de délire, que la tente de la Jaunaye ne put être à l'abri de cette fureur oratoire ; les Représentants y prononçaient de longs discours, avec l'accent et le goût les plus animés ; très souvent ils ne s'entendaient pas entre eux, et cette contrariété donnait à la discussion un nouveau degré de véhémence [2].

« Les négociateurs Vendéens éprouvaient dans cette lutte une grande infériorité. Retranchés dans leurs forêts, au milieu d'un peuple grossier, demeurés étrangers, pendant près de deux ans, à toutes les discussions politiques qui avaient ébranlé l'État et amené tant d'événements et de catastrophes, ils étaient peu capables d'im-

[1] M. Auvinet. Ses notes avaient été publiées sous le titre d'*Éclaircissements historiques*, à la suite des *Mémoires de madame de la Rochejaquelein*, dans l'édition qui fait partie de la *Collection des Mémoires relatifs à la Révolution française* ; mais l'auteur n'en était pas nommé. Il était simplement désigné comme « ayant été attaché à l'armée de Charette. » M. de Barante, qui, sans doute, avait eu communication de ces notes, alors que sous-préfet de Bressuire, puis préfet de la Vendée et ami de la famille La Rochejaquelein, il révisait les *Mémoires* de Madame de la Rochejaquelein, le nomme dans son *Histoire de la Convention*. M. Auvinet avait, en effet, rempli les fonctions de secrétaire de Charette, lors de la Pacification. On a même trouvé, en général, qu'il ne s'en était pas suffisamment souvenu, en écrivant ses *Éclaircissements historiques*. Il était devenu, croyons-nous, magistrat ou conseiller de préfecture sous l'Empire.

[2] L'Ancien Administrateur militaire, qui nous a laissé d'intéressants *Mémoires sur la guerre civile de la Vendée*, parle aussi des divisions qui existaient entre les Représentants.

proviser et d'imiter le langage de leurs adversaires ; aussi, pour ne pas rester au dépourvu, rédigeaient-ils, dans l'intervalle de chaque Conférence, des *factum* aux objections de la veille, et comme leur opinion était toujours énoncée avec franchise et une certaine rudesse, ces notes ouvraient un vaste champ à l'éloquence révolutionnaire des Députés et devenaient pour eux une source intarissable de babil [1]. »

Indépendamment des discussions collectives, des entretiens d'une nature plus confidentielle, plus intime, eurent nécessairement lieu entre quelques-uns des négociateurs. M. de Barante qui, envoyé sous-préfet dans la Vendée, en 1807, y avait connu M. Auvinet et d'autres acteurs ou témoins de la Pacification, et y avait recueilli beaucoup de renseignements sur cette époque, donne à cet égard des détails précieux :

Les Représentants laissaient dire aux Royalistes toutes leurs exigences et ne décourageaient pas leur espoir ; ils demandaient le rétablissement de la monarchie, et on leur répondait que le cours naturel des événements, le déchirement des partis, l'esprit de réaction, la lassitude générale, le rapprochement que la paix allait opérer entre la France et les puissances de l'Europe, pouvaient bien amener ce dénouement de la Révolution, mais que ce n'était pas un article proposable dans la négociation [2]. »

C'est encore à M. de Barante, par les mêmes motifs, que nous empruntions cette appréciation, sans doute trop sévère, des dispositions peu sincères que, des deux parts, on aurait apportées à la conclusion d'une paix définitive ; il y eut d'honorables exceptions des deux côtés :

« Après une guerre de massacres, on se faisait une guerre de phrases : les uns parlant d'humanité, de concorde, d'amour de la patrie ; les autres de loyauté, de constance, de fidélité à leur parole ; sous ces mots, il n'y avait rien de vrai. Le Gouvernement républicain comprenait l'impossibilité de continuer actuellement la guerre ; les chefs Vendéens voyaient la nécessité d'une trêve. A peine avait-on la prétention de se tromper les uns les autres [3]

---

[1] P. 497.
[2] T. V, p. 504-505.
[3] T. VI, p. 511.

Enfin, le 17 février, veille du jour ou expirait la trêve, les Royalistes signèrent la déclaration suivante :

« Des attentats inouïs contre notre liberté, l'intolérance la plus cruelle, le despotisme, les injustices, les vexations les plus odieuses que nous avons éprouvées, nous ont mis les armes à la main.

« Nous avons vu avec horreur notre malheureuse patrie livrée à des ambitieux qui, sous les apparences du patriotisme le plus pur, sous le masque séduisant de la popularité, aspiraient à une dictature perpétuelle. Pourrions-nous, en discernant leurs projets à travers le voile dont ils s'enveloppaient, ne pas tenter les derniers efforts pour replacer l'autorité dans des mains que nos principes légitimaient ?

« Tant que le Gouvernement oppressif a privé nos concitoyens de leurs droits les plus précieux, nous avons maintenu les nôtres avec constance et fermeté ; nous avons puisé dans nos malheurs de nouvelles forces ; le désespoir est venu nous prêter son affreux secours, et nous rendant insensibles aux considérations qui attendrissent les cœurs les plus farouches, il avait gravé dans les nôtres la résolution de mourir plutôt que de vivre sous une pareille tyrannie.

« Enfin le règne du sang a disparu ; les coryphées de la secte impie qui couvrit la France de deuil et de cyprès, ont payé de leur tête leurs criminels desseins.

« Le représentant Ruelle, ami de l'humanité et des lois, est venu parmi nous apporter des paroles de paix. La confiance, si fort altérée par les actes de barbarie qui ont précédé sa mission, a commencé à renaître. A son aspect, nous n'avons eu aucune répugnance pour des rapprochements capables de mettre fin aux calamités qui nous déchirent.

« De nouveaux Représentants dignes de notre estime et de nos éloges, ont été adjoints au premier. Nous avons fait connaître à tous nos intentions et le désir d'une pacification sincère, garantie par l'honneur.

« Dans les Conférences que nous avons eues avec eux, nous nous sommes appliqués à leur faire connaître ce qui intéressait le bonheur de notre pays, et ce qu'il était de leur prudence et de leur sagesse d'accorder pour atteindre le but si désirable de la paix. Réunis dans une même tente avec les Représentants du peuple, nous avons senti plus fortement encore, s'il est possible, que nous étions Français, que le bien général de notre patrie devait seul nous animer.

« Et c'est dans ces sentiments que nous déclarons franchement à la Convention nationale et à la France entière, nous soumettre à la République française, une et indivisible, que nous reconnaissons ses lois, et que nous prenons l'engagement formel de n'y porter aucune atteinte.

« Nous promettons de remettre le plus tôt possible l'artillerie et les chevaux d'artillerie qui sont entre nos mains, et nous prenons l'engagement solennel de ne jamais porter les armes contre la République.

« Fait sous la tente, le 29 pluviôse (17 février 1795), l'an III de la République.

« Signé : CHARETTE, FLEURIOT, COUETUS, PAPINAUD, CORMATIN, DE BRUC, GUÉRIN aîné, CAILLEAU, DE FOIGNARD, GOGUET, L'ÉPINAY, SAUVAGET, BAUDRY, GUÉRIN jeune, SOLILHAC, BÉJARRY, DE BRUC jeune, PRUDHOMME, REZEAU, DE LA ROBERIE, ROUSSEAU, BOSSARD le jeune, AUVINET fils aîné.

De leur côté, les Représentants prirent les cinq arrêtés suivants. Ils avaient cru sauvegarder suffisamment la dignité du Gouvernement républicain et la leur, en exigeant, au préalable, la reconnaissance de ce Gouvernement, et en substituant ces formules à celle d'un traité.

PREMIER ARRÊTÉ.

« Les Représentants du peuple, etc.

« Considérant que les départements de l'Ouest sont dévastés depuis deux ans par une guerre désastreuse ; que les troubles qui les agitent prennent leur source dans la clôture des temples et l'interruption du paisible exercice de tout culte quelconque ;

« Que les hommes auteurs de ces maux et de ces désordres, sont ceux qui ont voulu plonger la France dans l'anarchie, et qui, en persécutant, ont cherché à établir un culte particulier, dont ils voulaient être les pontifes ; que ces hommes ont été atteints par le glaive de la loi, après avoir violé audacieusement la Table des Droits de l'Homme ;

« Considérant que la Convention nationale n'a jamais entendu interdire aucun culte ; qu'elle en a au contraire autorisé le paisible exercice par l'article VII de la Déclaration des Droits de l'Homme, et par l'Acte constitutionnel ;

« Arrêtent :

« Art. Ier. Tout individu et toute section de citoyens quelconques peuvent exercer librement et paisiblement leur culte.

« Art. II. Les individus et ministres de tout culte quelconque ne pourront être troublés, inquiétés ni recherchés pour l'exercice libre, paisible et intérieur de leur culte.

Art. III. Les autorités civiles et les commandants de la force armée sont chargés de tenir la main à l'exécution du présent. A cet effet, il sera imprimé, etc.

DEUXIÈME ARRÊTÉ.

« Art. Iᵉʳ. Les personnes des chefs et des habitants insurgés de la Vendée, qui se soumettent aux lois de la République une et indivisible, sont à l'abri de toutes recherches pour le passé.

« Il sera accordé des secours et indemnités aux habitants de la Vendée, pour leur aider à exister et relever leurs chaumières et maisons, pour y rétablir l'agriculture et y faire revivre le commerce.

« Art. III. Tous les Vendéens, soit patriotes réfugiés, soit insurgés et rentrés dans le sein de la République, ont un droit égal à ces secours et indemnités.

« Art. IV. Les baux des biens des Vendéens patriotes réfugiés, qui ont pu être affermés par des Vendéens insurgés, sont annulés. Les fruits et productions pour l'année courante seront partagés par moitié entre le propriétaire ou ayant droit, et ceux qui auront ensemencé. Les baux des maisons sont annulés et n'auront cours que jusqu'au prochain terme ; les prix des loyers seront payés aux propriétaires.

« Art. V. Les Réfugiés, propriétaires de fermes dans les pays insurgés, seront indemnisés, sur les fonds destinés au secours pour la Vendée, du défaut de paiement des fermages courus depuis le mois de mars 1793, et de la perte de leurs bestiaux pris pour le service des armées vendéennes.

« Art. VI. Les jeunes gens de la réquisition restent dans la Vendée pour y rétablir l'agriculture et y faire fleurir le commerce.

TROISIÈME ARRÊTÉ.

« Art Iᵉʳ. Les habitants de la Vendée rentrent de fait dans la propriété et possession de tous leurs biens, meubles et immeubles, par leur soumission aux lois de la République une et indivisible..

« Art. II. Il sera donné main levée du séquestre à ceux des Vendéens qui sont rentrés dans le sein de la République, et qui sont inscrits sur la liste de émigrés.

« Art. III. Il sera donné aux enfants et héritiers des Vendéens condamnés par des tribunaux, sans déclaration de jury, main levée du séquestre qui aurait pu être apposé sur les biens tant meubles qu'immeubles des condamnés. »

QUATRIÈME ARRÊTÉ.

« Les Représentants du peuple, etc.

« Considérant que la rentrée des habitants de la Vendée dans le sein de la République, en rendant à l'agriculture, au commerce, des bras qui leur sont précieux, laisse sans moyens des hommes qui n'ont aucun état ni profession pour subsister ; qu'il est de leur devoir d'assurer à tous les Français l'existence, et de la rendre utile à leurs concitoyens ;

« Arrêtent :

« Art. 1er. Les Vendéens, qui n'ont aucune profession ni état, sont libres d'entrer dans les troupes de la République.

« Art. II. Ceux d'entre eux qui étaient naturels et habitants de la Vendée avant le mois de mars 1793, seront organisés en gardes territoriaux et soldés par le trésor public.

« Art. III. Ces gardes territoriaux n'excéderont pas le nombre de deux mille : ils seront soumis aux autorités constituées, civiles et militaires.

« Art. IV. Leur organisation sera faite par les Représentants du peuple ; ils seront divisés en compagnies et distribués sur tous les points du territoire français (ci-devant district de la Vendée), sans pouvoir en sortir.

CINQUIÈME ARRÊTÉ.

« Art. 1er. Tous les bons signés par les chefs, dans les deux armées du Centre et du Bas de la Vendée, par le commissaire aux vivres et autres délégués par eux, seront remboursés jusqu'à concurrence de deux millions.

« Art. II. Toutes les mesures d'exécution seront prises pour s'assurer de la sincérité des bons qui seront présentés à l'effet du remboursement.

« Signé : DELAUNAY, POMME, BRUC, LOFFICIAL, CHAILLON, BOLLET, RUELLE, JARY, MENUAU, DORNIER, MORISSON. »

Un arrêté spécial assimilait les chefs de Bretagne et d'Anjou qui avaient pris part aux négociations, à ceux de l'armée vendéenne.

Y eut-il, en dehors de ces Arrêtés débattus et formulés contradictoirement — car les clauses de la Jaunaye eurent, malgré le titre d'*Arrêtés*, un caractère absolument synallagmatique — d'autres conditions convenues ? On n'en saurait douter. Ainsi, il paraît constant que la reconnaissance de la République par les chefs royalistes fut exigée et promise, d'honneur seulement et sans écrit, préalablement aux Conférences [1]. Il est aussi plus que probable que certains arrangements particuliers, certains avantages en faveur, soit des chefs signataires, soit d'étrangers, durent être stipulés par l'entourage de Charette, ainsi que cela eut lieu plus tard, lors du Traité de la Mabilais et lors du Traité avec Stofflet [2].

Mais y eut-il, en outre, d'autres stipulations, écrites ou verbales, relativement au rétablissement de la monarchie ou à la remise à Charette des Orphelins du Temple? Y eut-il du moins à cet égard, des demandes, des promesses, des pourparlers d'un caractère plus ou moins sérieux? C'est ce que nous allons rechercher maintenant, en interrogeant successivement et autant que possible sur pièces :

Les témoignages des chefs royalistes qui prirent part aux négociations, ou furent en rapport avec les négociateurs : (nous pourrons même en produire d'inédits, fort précieux à recueillir ;)

Ceux des négociateurs républicains ;

L'opinion des historiens des deux partis ;

L'autorité de Napoléon.

Avant de faire cet examen, qui nous révèlera de curieux détails et d'étranges contradictions, non seulement entre les hommes des diverses opinions ou entre ceux d'une même opinion, mais parfois chez les mêmes individus, il était indispensable de définir la situation respective des partis au moment de la Pacification et de préciser les circonstances dans lesquelles intervint le Traité de la Jaunaye.

Nous ne parlons, en effet, que de ce Traité. C'est le seul à propos duquel la question des Articles Secrets ait été soulevée. Celui de la Mabilais, conclu avec les chefs des Chouans, Cormatin en tête, le 1ᵉʳ floréal suivant (20 avril) n'en est que la reproduction [3]. Les représentants qui le négocièrent, furent Dornier,

---

[1] M. du Chatellier, t. IV, p. 428.

[2] Beauchamp, t. III, p. 348. — *Stofflet et la Vendée*, p. 340 ;—Puisaye, t. IV, p. 437, — etc.

[3] On y vise naturellement le Décret rendu par la Convention, le 3 ventôse an III (21 février 1795), sur le libre exercice des cultes et quelques Arrêtés des Représentants, postérieurs à ceux de la Jaunaye. Les anciens Chouans organisés en compagnies à la solde du trésor public prendront le titre des Chasseurs à pied. Le nombre n'en pourra excéder deux mille. Les bons émis par leurs chefs seront remboursés jusqu'à concurrence d'un million cinq cent mille livres. Il y a quelques corrections de style, quelques transpositions d'articles. Ni Savary, ni les autres historiens n'ont donné le texte des

Ruelle, Bollet, Jary, Chaillon, Delaunay, leur collègue, avait absolument refusé de s'y associer [1]. Stofflet, dont on avait annoncé l'adhésion, ne se présenta pas, mais le 13 floréal (2 mai) il fit, lui aussi, sa soumission à Saint-Florent. Dans la déclaration qu'il y joignit [2], il se référait à l'écrit de Cormatin du 12 février, *Paroles de Paix*, que nous avons cité [3], et à la *Délibération* (Traité) du 1er floréal. Il obtenait les mêmes conditions que les autres chefs, le remboursement des bons émis par son armée jusqu'à concurrence de deux millions, et deux mille hommes de garde territoriale. Stofflet, du reste, n'a jamais invoqué l'existence des Articles Secrets en tant qu'à lui garantie. Il n'y croyait même pas.

Pour compléter cet exposé et prouver avec quelle ardeur la Convention avait désiré la paix, il convient encore de rappeler l'accueil enthousiaste et unanime qu'elle fit à la nouvelle de la Pacification de la Jaunaye et à l'hommage par Charette des drapeaux de son armée (Séance du 24 ventôse an III). Pas une insulte, pas un murmure, pas une contradiction ne s'éleva. C'est aussi à l'unanimité que furent approuvés tous les Arrêtés pris par les commissaires à l'armée de l'Ouest, et en témoignage de satisfaction, ils furent renvoyés au poste qu'ils venaient de quitter [4]. La même satisfaction accueillit la nouvelle de la paix avec Stofflet (Séance du 20 floréal).

Arrêtés de la Mabilais. Nous le trouvons dans une publication faite à Rennes, le 8 floréal (27 avril), par quelques-uns des Représentants, signataires des Arrêtés :

Liberté, Egalité, Unité. Fraternité, Humanité, Justice. — Au nom du Peuple Français. — Les Représentants du Peuple près les Armées des Côtes de Brest et de Cherbourg et dans les départements de leur ressort. — Robiquet, 8 p. in-4°. Cette pièce fut réimprimée par ordre du représentant Jary, à Nantes, chez A.-J. Malassis, 8 p. in-4°.

[1] Savary, t. V, p. 30.

[2] Savary, t. V, p. 18.

[3] Cet écrit a joué dans l'affaire de la Pacification un certain rôle. Cormatin ne s'était pas borné à le publier, ainsi que nous l'avons vu, à l'ouverture des Conférences de la Jaunaye. Il l'avait réimprimé, après le Traité, en le faisant suivre du texte de l'un des Arrêtés pris par les Représentants, dont la signature semblait ainsi donner une sorte d'authenticité à ses paroles; quelques-uns d'eux en avaient été blessés (De Chastellier, t. IV, p. 448-449). Après le traité de la Mabilais, une proclamation des chefs royalistes aux habitants des campagnes, en reproduisait encore l'esprit et presque les termes. Enfin, nous voyons que Stofflet l'invoquait pour expliquer sa soumission.

[4] *Moniteur*, des 26 et 27 ventôse.

L'opinion publique ne fut pas moins émue. C'est avec une sorte de *fureur*, dit un contemporain, qu'elle se prononça en faveur du rétablissement de la monarchie dont elle croyait voir un premier gage dans la Pacification, et nombre de gens n'hésitèrent pas à dire que ses négociateurs avaient eu des instructions écrites en ce sens [1].

II

GÉNÉRAUX ROYALISTES.

On sait que Charette et Cormatin ont invoqué l'existence des Articles Secrets ; on n'a pas assez remarqué dans quelles circonstances et dans quels termes ils le firent tous les deux.

La Pacification ou la trève de la Jaunaye ne dura que quelques mois. Les deux partis s'imputèrent mutuellement, et tous deux avec trop de raison, de ne l'avoir pas assez respectée.

Plusieurs proclamations furent publiées à cette occasion par Charette, ou sous son nom.

La première dans l'ordre des dates, est une *Réponse des Armées catholiques et royales de la Vendée et des Chouans au Rapport fait à la soi-disant Convention nationale, dans la séance du 16 juin 1795, par le soi-disant Représentant du Peuple, le citoyen Doulcet de Pontecoulant.* Elle est du 22 juin 1795 [2]. On y lit les passages suivants :

« ... Nous ne pûmes vous dire alors (lors de la Pacification) les conditions secrètes auxquelles la soi-disant Convention s'obligea et

---

[1] A. Danican, *Les Brigands démasqués*, p. 179. — Proclamation des Représentants du 8 floréal.

La satisfaction causée dans le parti républicain par la Pacification se traduisit sous toutes les formes. Nous avons rencontré un *Dialogue entre deux officiers, l'un au service de la République, et l'autre employé dans l'armée de Charette*, récité le 4 ventôse (an III) chez le Représentant du peuple Legot, à la fin d'un bal qu'il donna au peuple (à Cherbourg, probablement), Cherbourg, Clamorgan, plac. in fol. s. d. « L'union, la protection réciproque, la liberté des opinions religieuses, telles sont les bases de nos Traités, « et les deux anciens adversaires trinquent ensemble « à la République fondée sur la justice et l'humanité ! »

[2] Imprimerie royale de Maulévrier, Chambard fils, imprimeur, 15 p. in-8°. C'est une fausse indication, comme nous le verrons plus loin. L'imprimeur ne s'appelait même pas *Chambard*, mais *Clambart*. Il survécut à la guerre ; en 1814, il demandait une place dans les Eaux et Forêts.

sans lesquelles les soi-disant Représentants du peuple n'eussent jamais approché de vos drapeaux.

« Le soi-disant Comité de Salut public nous fit promettre solennellement, par l'organe de ses envoyés, que la religion catholique et la monarchie seraient rétablies en France avant le 1ᵉʳ juillet ... Dans le cas de résistance de la part de la nation au retour de la royauté, le Comité de Salut public s'engageait à faire remettre entre les mains des chefs vendéens, Louis XVII et sa sœur, le 13 juin (25 prairial) pour tout délai ; le Comité de Salut public s'engageait également à déclarer la religion catholique religion dominante de l'État. Il rappellerait tous les Français émigrés depuis le 14 juillet 1789, et il donnerait des ordres secrets aux administrateurs des départements frontières, afin de faciliter aux Princes français les moyens de se rendre dans le Poitou, l'Anjou et le Maine, sous la condition expresse que les Vendéens n'inquiéteraient en aucune manière, dans cette partie, non plus que les Chouans dans la Bretagne et la Normandie, les individus qui traverseraient le pays munis de passeports du Comité de Salut public...

« Telles furent les promesses faites solennellement au nom du soi-disant Comité de Salut public, par les six Représentants du Peuple. Ce sont là les conditions que vous êtes venus nous offrir dans nos foyers, Représentants fourbes et trompeurs ! Ce sont là les paroles que trois d'entre vous, vous avez prononcées, à une demi-lieue de Nantes, dans notre dernière entrevue. Nous le jurons à la face du Dieu de vérité, et nous le prenons à témoin de la vérité de ce que nous avançons aujourd'hui ! Une heure seulement avant la signature du Traité de paix, il fut convenu que les conditions ci-dessus rapportées demeureraient comme clauses et articles secrets, afin de préparer les esprits et qu'on parvînt à amener l'armée républicaine à désirer l'exécution des clauses, pour ainsi dire, sans se douter qu'elles eussent lieu...

« Nous nous confirmâmes encore davantage dans cette espérance si douce (du rétablissement de la religion et du roi) par l'assurance formelle qui fut donnée, le 28 avril, par les soi-disant Représentants du Peuple. Ils observèrent à M. de Ouerville, que nous envoyâmes auprès d'eux à l'effet de leur représenter combien il était nécessaire, pour l'observation du Traité, que l'armée catholique et royale fît exécuter les jugements du Conseil militaire, ils lui observèrent que les démarches publiques auxquelles ils se détermineraient ne devaient nous inspirer aucune crainte, puisqu'elles n'auraient pour objet que de préparer plus sûrement l'exécution des Articles Secrets. M. de Ouerville nous rapporta cet écrit, qui semblait exiger une confiance entière de notre part ;

« Les Articles Secrets dont l'exécution définitive est fixée au

« 25 prairial prochain, auront leur plein et entier effet. Le Comité
« de Salut public prend les mesures nécessaires à cet égard. Les
« sacrifices qu'il est forcé de faire aux apparences ne le rendront que
« plus scrupuleux à tenir les paroles données. Elles seront religieu-
« sement gardées.

« Signé : GRENOT, GUERMEUR, GUEZNO.

« Rennes, 9 floréal an III. »

« Le 27 mai, sur quelques indices qui nous firent craindre que le
soi-disant Comité de Salut public ne cherchât à éloigner l'observation
du Traité, nous envoyâmes M. Châtellier à Paris, après en avoir com-
muniqué, le 24, au soi-disant Réprésentant du Peuple Grénot. Nous
chargeâmes M. Châtellier de demander l'élargissement provisoire du
Roi, tant pour nous convaincre de la sincérité des promesses faites
par le soi-disant Comité, que pour faciliter le moyen de faire sortir
de la capitale cet auguste enfant et sa sœur, qu'une garde nombreuse
entourait au Temple.

« Le 4 juin (16 prairial), il fut convenu que Louis XVII et sa sœur
seraient conduits le lendemain à Saint-Cloud. Doulcet, Tallien, Cambacérès, Treilhard, Rabaut, Sieyès, Rewbell, Gillet et Roux en
signèrent la promesse... M. Châtellier quitta Paris le soir même,
d'après les ordres qui lui avaient été donnés d'être de retour le 7 au
plus tard ; il arriva ici le 8 au matin. Nous nous disposâmes aussitôt
à concerter, avec les Représentants du Peuple, les moyens d'envoyer
des personnes d'une fidélité et d'une bravoure éprouvées dans les
environs de Saint-Cloud. Dans ce même moment, Louis XVII expirait
dans la prison du Temple... La lettre suivante, que nous avons inter-
ceptée le 10, auprès de Châteaugiron, a découvert la profonde scélératesse du Comité de Salut public :

« *Lettre écrite par sept membres du Comité de Salut public au
Représentant du Peuple Guezno, à Rennes (le 6 juin 1795).*

« Il est impossible, cher Collègue, que la République puisse se main-
« tenir, si la Vendée n'est pas entièrement réduite sous le joug. Nous
« ne pouvons nous-mêmes croire à notre sûreté, que lorsque les bri-
« gands qui infestent l'Ouest depuis deux années auront été mis dans
« l'impuissance de nous nuire et de contrarier nos projets, c'est-à-dire
« lorsqu'ils auront été exterminés. C'est déjà un sacrifice trop honteux
« d'avoir été réduits à traiter de la paix avec des rebelles, ou plutôt
« avec des scélérats dont la très grande majorité a mérité l'échafaud.
« Sois convaincu qu'ils nous détruiront si nous ne les détruisons pas. Ils

« n'ont pas mis plus de bonne foi que nous dans le Traité, et il ne doit
« leur inspirer aucune confiance dans les promesses du Gouvernement.
« Les deux partis ont transigé sachant qu'ils se trompaient. C'est
« d'après l'impossibilité où nous sommes d'espérer que nous pourrons
« abuser plus longtemps les Vendéens, impossibilité également démon-
« trée à tous les membres des trois Comités, qu'il faut chercher le
« moyen de prévenir des hommes qui ont autant d'audace et d'autorité
« que nous. Il ne faut pas s'endormir parce que le vent n'agite pas
« encore les grosses branches, car il est près de souffler avec violence.
« Le moment approche où, d'après l'article 11 du Traité, il faut leur
« présenter une espèce de monarchie, et leur montrer ce bambin pour
« lequel ils se battent. Il serait trop dangereux de faire un tel pas ; il
« nous perdrait sans retour. Les Comités n'ont trouvé qu'un moyen
« d'éviter cette difficulté vraiment extrême ; le voici : La principale
« force des brigands est dans le fanatisme que leurs chefs leur inspi-
« rent. Il faut les arrêter et dissoudre d'un seul coup cette association
« monarchique, qui nous perdra si nous ne nous hâtons pas de la pré-
« venir. Mais il ne faut pas perdre de vue, cher Collègue, que l'opi-
« nion nous devient chaque jour plus nécessaire que la force. Il faut
« supposer que les chefs insurgés ont voulu rompre le Traité, se
« créer princes des départements qu'ils occupent ; que les chefs ont
« des intelligences avec les Anglais ; qu'ils veulent leur ouvrir la
« côte, piller la ville de Nantes et s'embarquer avec le fruit de leurs
« rapines. Il faut faire intercepter des courriers porteurs de sembla-
« bles lettres, crier à la perfidie, et mettre surtout dans ce premier
« moment une grande apparence de modération, afin que le peuple
« voie clairement que la bonne foi et la justice sont de notre côté.
« Nous le répétons, cher Collègue, la Vendée détruirait la Conven-
« tion, si la Convention ne détruisait pas la Vendée. Si tu peux avoir
« les onze chefs, le troupeau se dispersera ; concerte-toi sur le champ
« avec les administrateurs d'Ille-et-Vilaine ; communique la présente
« dès sa réception aux quatre Représentants de l'arrondissement. Il
« faudra profiter de l'étonnement et du découragement que produira
« l'absence des chefs pour opérer le désarmement des Vendéens et des
« Chouans. Il faudra qu'ils se soumettent au régime général de la
« République, ou qu'ils périssent. Point de milieu, point de demi-me-
« sures ; elles gâtent tout en révolution. Il faut, s'il est nécessaire,
« employer le fer et le feu, mais en rendant les Vendéens coupables
« aux yeux de la nation du mal que nous leur faisons. Saisis, nous le
« répétons, cher Collègue, les premières apparences qui se présen-
« teront pour frapper le grand coup ; car les événements pressent
« de toutes parts. Tu peux avoir pleine confiance dans Guilbert ; il est
« jeune, mais sensé ; il nous est d'ailleurs entièrement dévoué.

« Nous avions pensé te mander à Paris ; mais nous avons ensuite
« jugé qu'il valait mieux, pour ménager les apparences, que tu ne te
« déplaçasses pas sur le champ de l'arrivée de Guilbert. Quoique nous
« ne présumions pas qu'il puisse être intercepté, nous le faisons passer
« par Alençon Il y verra Arthaud. Il te suffira de nous dire : j'ai reçu
« la proclamation relative aux subsistances. L'hypocondre voulait de-
« mander ton rappel ; il craignait que tu ne misses pas assez d'acti-
« vité et de prudence ; je l'ai rassuré. Prends garde aux menées de
« Louvet ; il est vendu aux restes orléaniques, et sa guenon d'am-
« bassadrice [1] en dispose en plein. Nous le surveillons, mais il intrigue
« activement dans la Mayenne et dans la Loire-Inférieure. Boissy
« adopte toutes les mesures, il sent l'urgence.

« Fais-nous part de ce que tu peux faire sur le champ, afin que
« cela concorde avec les mesures que nous allons prendre ici. Le mot
« de *subsistances* sera pour les chefs, celui de *troupeau* pour les ar-
« mées. Employons le mot de *tranquillité* pour celui d'*arrestation*.
« Lacaze se tiendra dans une position respectable. Il aura tous les
« moyens nécessaires ; il a des ordres pour recevoir les tiens. Adieu,
« cher Collègue, salut et fraternité.

« Signé : TALLIEN, TREILHARD, SIEYÈS, DOULCET, RABAUD, MACÉ,
(Maroc ?) CAMBACÉRÈS [2]. »

« Paris, 18 prairial an III. »

« Vous le voyez, braves camarades, le crime se dévoile dans toute
son horreur… [3] »

Nous le déclarons nettement : nous ne croyons pas à l'authenticité de cette longue épître des Représentants, qui paraît

[1] Mᵐᵉ la comtesse de Staël (*sic*).

[2] En supposant que Gamon, Larivière, Rlad et Maroc, nommés membres
du Comité de Salut public le 15 prairial, n'eussent pas encore pris possession le 18, date de cette lettre, les autres membres du Comité devaient être,
Vernier, de Fermon, Rewbell, Laporte et peut-être Merlin de Douai, Fourcroy et Lacombe.

[3] Nous avons dû publier dans son entier, malgré sa longueur, la prétendue
Lettre des Représentants, et la partie de la *Réponse des Armées* qui lui sert
de cadre. On trouve ces pièces reproduites en tout ou en partie dans le *Supplément à la Vie du général Charette* (1814), p. 178, dans le *Mémoire de
Cormatin* dont nous parlerons plus loin, dans les *Mémoires de la Roche-Bar-
nard sur l'Expédition de Quiberon*, 2ᵉ édition. Paris, Trouvé, 1824, in-8°,
p. 84; dans Séguin, *Histoire de la Chouannerie*. Vire, in-12, t. 1ᵉʳ, p. 234,
dans Savary, t. VI, p. 74, et dans divers journaux. Crétineau-Joly, en publiant (t. II, p. 351) la *Réponse*, qu'il trouve « magnifique », avait donc
grand tort de dire « qu'elle n'avait encore été citée par aucun historien. »
M. l'abbé Deniau, *Histoire de la Vendée*, t. V, p. 240, vient aussi de reproduire la *Réponse*, in extenso.

arrangée tout exprès pour compromettre ses auteurs, et qui ressemble, soit à une confession, soit à un monologue de tyran de théâtre. Nous ne croyons pas davantage à celle de la déclaration du 9 floréal citée dans la *Réponse*. Quelques-uns des détails donnés dans cette *Réponse* nous paraissent aussi plus qu'invraisemblables.

L'authenticité de la pièce qui contient ces deux lettres a été elle-même contestée. On en a trouvé le style fort différent de celui des autres proclamations publiées par les chefs Vendéens ; on a cru y trouver une supercherie de l'Agence royaliste de Paris, un *factum* de circonstance, imaginé pour réveiller la haine assoupie contre la Convention [1]. Il ne serait pas non plus impossible qu'on eût cherché à engager, à compromettre, en y mettant leur signature, Stofflet et d'autres chefs qui hésitaient à reprendre les armes. Elle ne saurait être fausse, sans que les deux

---

[1] Beauchamp (t. IV, p. 35), avait émis cette idée, à laquelle s'est rallié Eugène Veuillot, p. 389. Mais il avait été vivement réfuté par Le Bouvier Desmortiers (*Vie du Général Charette*, p. 399, et *Supplément*, p. 117). Il n'est pas exact que Savary en reconnaisse l'authenticité, comme le suppose M. l'abbé Deniau (t. V, p. 256). Savary ne parle pas de cette pièce, mais seulement de la Proclamation du 26 juin.

L'édition originale a 15 pages in-8°, et est datée « de l'Imprimerie royale de Maulévrier, Chambart fils imprimeur. » On y lit, à la fin : « Fait au quartier général de l'armée de Charette, et publié au quartier général des armées de Stofflet, Sapinaud et Scépeaux, le 22 juin 1795, l'an 1er du règne de Louis XVIII. *Signé* : CHARETTE, STOFFLET, SCÉPEAUX, SAPINAUD, etc. *Certifié*: *Signé* GILBERT, secrétaire général. AU NOM DU ROI, le Conseil militaire des armées d'Anjou, du Haut Poitou et de Bretagne, vu la *Réponse* et la Proclamation ci-dessus, nous ordonnons qu'elle soit imprimée, publiée et affichée dans toutes les paroisses qui composent l'arrondissement des armées d'Anjou, du Haut-Poitou et de le Bretagne. A la Mabilais, le 23 juin 1795, l'an 1er du règne de Louis XVIII. *Signé* BERNIER, *commissaire-général*. » Sans doute, il est bien difficile d'admettre que tout soit ici frauduleux : le texte, le nom des prétendus signataires et jusqu'à l'indication de l'imprimerie, et pourtant c'est à cette conclusion qu'il faut nécessairement arriver.

J'attribuerais volontiers à la même Agence royaliste les deux pièces suivantes, dont je dois la communication à M. O. Bord :

Révélations importantes, par A. C. Abel, du Finistère. S. L. (Paris), al d. 4 floréal an III (23 avril 1795), 16 p. in-2°. Pamphlet dirigé particulièrement contre les Constitutionnels et contre Mallet du Pan, et fort hostile à Carmatin.

Le Chouan, ou Suite des Révélations importantes. Paris, 9 juin 1795. S. l. al d. 48 p. in-8° ; signé KERNODER, « signataire de la Paix. » Pièce dirigée, comme la précédente, contre les Constitutionnels, mais très franchement royaliste, consacrée tout entière à la défense et aux succès des Chouans, à des récriminations contre les infractions commises par les Républicains au

Lettres ne le fussent aussi ; elle pourrait à la rigueur être sincère, ces Lettres ne l'étant pas ; mais elle est fausse de tout point.

1° Il est matériellement impossible qu'une longue réponse à un discours prononcé à la Convention le 16 juin, et qui, avec les lenteurs et les difficultés de circulation d'alors, ne put être connu dans le pays insurgé que quelques jours après, ait été débattue, concertée entre les chefs royalistes, dispersés de tous côtés, et rédigée à la date du 22 juin.

2° Stofflet et Bernier, à cette date, étaient en délicatesse avec Charette. Ils n'étaient pas en état de reprendre les hostilités. Ils ne les reprirent que beaucoup plus tard. Loin de s'associer aux allégations du Manifeste et de la Proclamation du 26 juin, ils les critiquèrent avec amertume [1]. Ils transmirent même au Comité de Salut public, en le condamnant sans réserve, un Précis de ses griefs que Charette leur avait adressé en leur demandant d'y adhérer : procédé fâcheux, dont on avait ignoré jusqu'ici les circonstances, et dont les Archives de Kernuz renferment l'irréfragable preuve [2].

3° L'affirmation d'honneur, le serment contenus dans le Mani-

Traité de la Jaunaye, à l'éloge de Stofflet et de Poirier de Beauvais. « La Pacification y est attribuée au désir unique de « soulager les malheurs du Pays; » Charette a voulu faire une paix durable... Nous avons préféré tout attendre du temps et de l'opinion elle-même fatiguée du poids des monstruosités dont on la surcharge depuis cinq ans. »

Aucune allusion, directe ni indirecte, n'est faite dans ces pièces aux prétendus Articles Secrets.

[1] Bernier écrivait à Scépeaux et à Béjary, le 24 juillet suivant : « Nous sommes étonnés que le prétendu Manifeste ait fait autant de bruit. Les calomnies en sont si frappantes, les raisonnements si décousus, les vues et intentions si doubles et si perfides, que les moins clairvoyants en sont révoltés. Qui croira jamais aux promesses qu'il dit lui avoir été faites? à la poudre fournie? aux patriotes livrés? au dessein de rétablir un Roi? etc., etc. Tout cela n'est pas seulement supposé, mais contre toute vraisemblance... » (Savary, t. V, p. 223.) M. l'abbé Deniau observe, il est vrai, que cette lettre n'est guère digne de Stofflet, mais on connaît sa déférence absolue aux idées de l'abbé Bernier. La supposition que celui-ci avait voulu se ménager vis-à-vis des Révolutionnaires, n'est pas admissible : sa lettre à Scépeaux le compromettait vis-à-vis des Royalistes, sans le dégager, vis-à-vis des Républicains, de sa signature au pied du Manifeste, et il ne fait même, dans sa lettre, aucune allusion à cette prétendue signature. Ce n'est même pas contre les assertions du Manifeste, dont il semble ignorer l'existence, qu'il s'élève, mais contre celles de la Proclamation postérieure.

[2] I. Lettre de Charette à Bernier et à Stofflet, 4 juin 1795 (16 prairial an III). Savary en donne l'analyse (t. V, p. 119).

On voit dans cette lettre que Charette, plus compromis qu'eux vis-à-vis du

feste, à l'appui de faits dont quelques-uns étaient certainement controuvés, auraient éveillé de légitimes scrupules chez beaucoup d'officiers royalistes.

4° La Proclamation du 26 juin, à laquelle nous arivons, et dont personne n'a jamais révoqué en doute la sincérité, aurait fait avec le Manifeste du 22, un double emploi d'autant plus inexplicable, que les termes en sont beaucoup plus pâles et moins

Comité, aurait désiré qu'ils prissent l'initiative de représentations collectives.

On y voit aussi le caractère de ses griefs contre les Représentants signataires. Il se plaint de beaucoup d'infractions au Traité de la Jaunaye; mais il ne fait aucune allusion à la violation des prétendus Articles Secrets.

II. Lettre de Stofflet et Bernier à leurs envoyés auprès du Comité de Salut public, 6 thermidor an III (24 juillet 1795). Ils y séparent positivement leur cause de celle de Charette. Ils ne s'étaient donc point associés à la prétendue *Réponse*. Cette lettre a été analysée, avec quelques modifications, par Savary, t. V, p. 221. Il la donne comme envoyée à Scépeaux et à Bejarry ; ces messieurs étaient probablement les émissaires de Stofflet auprès du Comité de Salut public.

III. Lettre de l'Adjudant-général Delaage au Général en chef : Inédite.

Chemillé, 8 thermidor an III.

Au Général en chef :

« Mon Général,

« Sur l'avis qu'un fort rassemblement de Vendéens avait repoussé une de mes patrouilles et se tenait aux environs de Montrevault, je demandai à Boussard s'il voulait que je fisse inviter Stofflet et Bernier à s'expliquer sur les motifs de cette hostilité. Ceux-ci m'assurèrent qu'ils étaient dans les intentions les plus pacifiques et qu'ils allaient eux-mêmes s'assurer sur les lieux de ce qui avait pu causer cette alarme. D'après des renseignements certains, nous avons su depuis que le rassemblement de Montrevault n'avait d'autre sujet qu'une foire, et que les paysans ne s'étaient portés au devant de la patrouille de Beaupréau que dans la ferme persuasion qu'elle était envoyée pour les troubler. Stofflet a même fait arrêter depuis plusieurs des agitateurs de cette journée.

« Bernier, pour me prouver la vérité des sentiments pacifiques qu'il me démontrait, m'offrit de m'envoyer sous cachet volant la lettre qu'il adressait à leurs envoyés près le Comité de Salut Public, pour détruire les calomnies lancées contre eux, et pour répondre également à l'Arrêté que ce Comité lui avait fait passer depuis quelques jours. Je l'ai prévenu que j'en prendrais copie pour vous l'envoyer. Vous la trouverez ci-jointe, ainsi qu'une copie du Manifeste que Charette avait fait passer aux chefs du Haut-Anjou, pour les inviter à faire cause commune avec lui. J'ai pensé que ces pièces pourraient vous être utiles.

« Salut et Fraternité,

« Signé : DELAAGE. »

précis. Le début même de cette Proclamation exclut l'idée d'une publication analogue qui l'aurait précédée.

Dans cette Proclamation, datée de Belleville, le 20 juin 1795 (8 messidor an III), Charette disait :

« Le moment est venu de déchirer le voile qui couvre depuis trop longtemps les véritables causes secrètes du Traité de Pacification de la Vendée...

«... Des délégués de la Convention nous sont envoyés. Canclaux, général des armées républicaines, Ruelle, Représentant du Peuple, se présentent d'abord à nous ... is le dehors de la bonne foi, de l'humanité, de la sensibilité; ils nous proposent la paix. Ils connaissaient les causes et les motifs qui nous ont mis les armes à la main : notre amour constant pour le malheureux rejeton de nos rois, et notre inviolable attachement pour la religion de nos pères ; ils nous entrainent dans plusieurs conférences secrètes : « Vos vœux seront remplis,
« nous disent-ils ; nous pensons comme vous ; nos désirs les plus chers
« sont les vôtres ; ne travaillez plus isolément, travaillons de concert,
« et dans six mois au plus, nous serons tous au comble de nos vœux.
« Louis XVII sera sur le trône ; nous ferons arrêter les *Jacobins* et
« *Maratistes;* la monarchie s'établira sur les ruines de l'anarchie po-
« pulaire. Vous ajouterez à votre gloire celle d'avoir concouru
« et aidé immédiatement à cet heureux changement, au bonheur de
« votre pays et de la France entière. »

« Pour confirmer la vérité de leurs intentions, d'autres Représentants, tels que Morisson, Gaudin [1], Delaunay et autres, se présentent à nous dans les différentes conférences que l'on nous assigne et auxquelles nous nous faisons un devoir de paraitre. Ils nous manifestent les mêmes intentions, nous persuadent qu'elles sont celles de la Convention, mais que, pour y parvenir, il faut de la prudence et de la circonspection; qu'il ne faut pas fronder ouvertement l'opinion publique, et que ce n'est que par degrés que l'on peut parvenir à ce nouvel ordre de choses...

«... Par les mêmes motifs, les chefs des insurgés de Bretagne, d'Anjou, de la Normandie, [2] du Perche, du Maine et d'autres provinces, connus sous le nom de Chouans, ont suivi notre exemple et fait les mêmes sacrifices à leur amour-propre et à leur gloire...

« ... Notre crédulité augmentait encore par l'envoi que nous faisaient le général Canclaux, Ruelle, Morisson, Gaudin, Delaunay et autres, de poudres et autres munitions de guerre qu'ils nous avaient

---

[1] Gaudin n'avait pas même assisté à la Pacification de la Jaunaye.

[2] Erreur : la Normandie prit les armes en avril et mai 1795, et ne les posa qu'en juin 1796.

promises, et par le passage qu'ils faisaient faire au milieu du pays insurgé, dans les lieux les plus écartés, aux soldats qu'ils voulaient livrer au juste ressentiment d'un peuple irrité des excès commis envers lui..[1].

« ... Nous avons appris enfin que le fils infortuné de notre malheureux monarque, notre Roi, avait été lâchement empoisonné par cette secte impie [2]... »

Nous sommes loin d'admettre l'authenticité de toutes les promesses dont on reproche ici la violation au Gouvernement de la République; toutefois, le ton de cette seconde pièce est bien plus réservé que celui du prétendu Manifeste. Il faut aussi remarquer qu'elle ne parle pas de conventions secrètes, arrêtées par écrit : c'est une circonstance très importante.

Tout y est-il illusion ou mensonge ? On a peine à le supposer. Quels que soient le machiavélisme et l'audace de l'esprit de parti, Charette et ses officiers n'auraient pas inventé de toutes pièces la fable des Articles Secrets. S'il n'eût jamais été question entre eux et les Représentants de la remise des Orphelins du Temple, ils n'auraient pas osé jeter, sous la garantie de leur parole et en attestant Dieu lui-même, un défi aussi injurieux à la vérité, à la conscience de leurs amis, à la notoriété publique.

Voici maintenant un document singulier, et que nous n'hésitons pas à répudier. C'est une prétendue lettre de Charette à Monsieur, Régent du Royaume, écrite aussitôt après la signature du traité de la Jaunaye, et dans laquelle, en termes emphatiques et d'un sentimentalisme ridicule, il essaie de justifier son adhésion à ce Traité. On lui a promis de remettre Louis XVII en ses mains, et sur la foi de cette promesse, il s'est sacrifié :

« MONSEIGNEUR,

« Je viens apporter ma tête aux pieds de V. A. R., si elle me juge coupable. En vertu de l'acte que j'ai signé, je traite avec la Convention dite Nationale ; je la reconnais ; je me sépare de votre cause

---

[1] Tout à fait inadmissible.

[2] Cette proclamation se trouve dans Le Bouvier des Mortiers, Vie du général Charette, 2me partie, p. 580 (mais c'est à tort qu'il la suppose imprimée à Maulévrier, par Clambart, imprimeur de Stofflet; dans Savary, t. V. p. 129, et pour partie, dans Beauchamp, t. IV, p. 84. Il en existe une édition, avec quelques variantes, dans une brochure de 16 p. in-8° imprimée en Angleterre (S. l. n. d.) et renfermant quelques autres pièces royalistes.

sacrée, de celle de mon Roi, pour laquelle j'ai combattu et versé mon sang ; j'entraine dans ma défection mes officiers, mes soldats, et je souffre que le drapeau tricolore se déploie paisiblement en des lieux où jusqu'ici il n'a pu flotter qu'à la suite des plus funestes défaites.

« Voilà mon crime, Monseigneur, je ne le nie ni ne l'atténue.

« Maintenant, voici mon excuse : mon Roi et le vôtre est prisonnier des bourreaux de son père, qui peuvent devenir les siens ; sa vie sacrée est perpétuellement menacée ; tout est donc permis, tout est légitime pour le rendre à la liberté. Eh bien ! cette liberté, je l'ai obtenue. Une convention secrète entre les Commissaires du Pouvoir Exécutif et moi, convention dont je mettrai l'original sous vos yeux, décide du sort de S. M. On remettra la personne du Roi aux Commissaires que j'enverrai à Paris ; on consent à ce qu'il revienne parmi nous, et une fois en notre pouvoir, je présume qu'un soulèvement unanime le servira beaucoup mieux que des efforts tentés pendant sa captivité ; avec lui, nous serons invincibles, et maintenant nous ne sommes rien sans un prince de la maison de Bourbon.

« Il est, ce me semble, inutile de discuter sur le texte apparent du Traité que je viens de signer, de s'inquiéter s'il compromet ou non la monarchie, si je suis, moi qui le dicte, à blâmer ou à louer ; il ne faut voir que le motif qui me détermine. C'est à lui que j'immole ma réputation, mon influence, peut-être mon honneur à venir et assurément mon repos ; mais c'est pour le Roi que je suis souillé de cette tache ; Dieu et lui m'en laveront plus tard. On me donne toutes les assurances possibles de la fidélité que l'on mettra à remplir la grande condition..... Si on y manquait, j'aurais ma vie à vous donner en expiation de ma crédulité.

« Un profond mystère, impénétrable aux agents de l'Autriche, de l'Angleterre et aux partisans de la branche d'Orléans, doit couvrir ce que je dépose avec confiance dans votre sein. Vous devez me comprendre ; il y a des traîtres partout, il y en a même dans l'intimité de votre Auguste frère. — J'ai cru, dans cette circonstance, devoir agir par moi seul, afin que si l'affaire tourne mal, on n'accuse pas le Régent de France, mais uniquement son très dévoué et très respectueux serviteur.

« Signé : CHARETTE. »

Cette lettre est un roman, et ce roman une fraude assez transparente. C'est dans l'intérêt de l'un des faux Dauphins qui ont si indignement exploité la crédulité publique, qu'elle a été fabriquée ; nous ne savons lequel. Naturellement, personne n'a jamais

vu l'original. Elle n'a été produite qu'en ces derniers temps.
Elle est en plein désaccord avec tout ce que Charette a dit et fait
avant le Traité. Mais on a bien soin d'y glisser à la fin — pré-
caution trop habile !   un mot qui doit expliquer et couvrir
l'absence de tout document concernant la prétendue évasion
du Dauphin [1].

Quelque chose d'autrement sérieux, c'est le langage tenu par
Charette dans son interrogatoire du 28 mars 1796. Il allait mourir.
Il ne cherchait pas à racheter sa vie. Il parlait avec noblesse et
franchise, et l'on peut supposer que ses réponses auront été reproduites de manière à couvrir autant que possible les torts qu'auraient pu avoir vis-à vis de lui les Représentants [2].

La voici :

14. question. « Pourquoi, dans la Proclamation que vous fîtes en
recommençant la guerre, avez-vous taxé de mauvaise foi les Représentants du peuple que vous dites avoir traité avec vous, ainsi que le
général Canclaux ?

« — C'est parce que le Représentant du Peuple Ruelle et quelques
autres, ainsi que le général Canclaux, lui avaient fait entrevoir dans
la conversation, au moment de la Pacification, qu'un état de paix
serait plus favorable et conduirait plus tôt au but de son parti ; ce
qui n'ayant pas eu lieu [3], il s'est cru autorisé par la suite à les
accuser de l'avoir trompé.

---

[1] Nous empruntons cette pièce à la *Galerie historique de la Révolution
française*, publiée par Albert Maurin (1843, t. II, p. 177). On a supposé bien
gratuitement qu'elle aurait pu être écrite par Charette, transformant, pour
obtenir des circonstances atténuantes, les vagues promesses qu'il aurait
reçues en réalités. La Lettre est absolument fausse.
L'impudence des faux Louis XVII n'a eu d'égale que leur ignorance et la
niaiserie de leurs adeptes. Leur première version (car ils brodent des varia-
tions sur un thème commun) les faisait sortir du Temple peu de jours avant
le décès du jeune martyr (8 juin 1795) ; mais ils mêlaient la femme Simon à
leur évasion, et cette femme avait quitté le Temple le 19 janvier 1794. Ils
ignoraient cette circonstance. Force leur fut alors d'antidater la sortie et de
la faire remonter avant cette dernière époque. Autre malheur ! Le comte
Louis de Frotté, le prétendu libérateur, n'était entré en France qu'en février
1795. La prétendue lettre de Charette prouverait, elle aussi, que Louis XVII
était encore au Temple en 1795.
[2] Savary, t. VI, p. 346. Nous devons dire ici que quelques doutes se sont
élevés sur l'authenticité des versions assez contradictoires de cet interrogatoire, publiées dans divers ouvrages (Du Chatellier, t. VI, p. 40). Nous
suivons celle de Savary.
[3] La version donnée par Mellinet (t. X, p. 66) porte : « J'ai reconnu que ce
langage n'était pas loyal. » Nougaret, écho des rumeurs publiques conten-

15°. « Aviez-vous quelques articles secrets convenus avec les Représentants du Peuple?

« — Il n'y en avait pas par écrit : il n'y avait eu que des conjectures
tirées de l'état du Gouvernement, alors divisé, et ces conjectures
avaient d'autant plus de vraisemblance qu'elles s'étayaient de l'opinion d'hommes revêtus de la confiance publique. »

Ainsi Charette, à ses derniers moments, n'allègue ni l'existence d'Articles écrits, ni celle de lettres compromettantes des
Représentants; mais il déclare qu'il a été *trompé* par les Représentants chargés de négocier avec lui, qu'on n'a pas tenu la parole qu'on lui avait donnée.

Du témoignage de Charette lui-même, il faut rapprocher
ceux d'Auvinet, son secrétaire, que nous avons eu déjà occasion
de citer, et de quelques autres personnes de son entourage, qui
le complètent dans une certaine mesure.

Auvinet, qui tenait la plume lors des négociations, ne dit pas
qu'il y ait eu des *Articles Secrets* arrêtés entre les Représentants
et les généraux royalistes, et par cela même il en dément suffisamment l'existence.

Mais le tableau qu'il trace des délibérations, de l'inconséquen-
ce, de la légèreté, des dissentiments même des Représentants,
permet assurément de supposer que des avances, des promesses
auront pu être faites par quelques-uns d'eux aux chefs royalistes, et M. de Barante, qui l'avait connu personnellement et
avait pu recueillir de sa bouche certains renseignements, con-
firme cette supposition.

poraines, va un peu plus loin. « Quelqu'un ayant demandé à Charette
pourquoi, après la fameuse Pacification signée près de Nantes, il n'était pas
resté tranquille : « C'est, répondit-il, parce qu'on ne m'a pas tenu ce qu'on
« m'avait promis. — Quelle promesse vous avait-on faite? Nos troupes n'ont
« pas été les premières à vous attaquer. — On m'avait promis un Roi.... »
(*Histoire de la Guerre civile en France*, 1803, t. II, p. 374.)

Th. Muret (*Histoire des Guerres de l'Ouest*, t. II, p. 448), pour expliquer
la contradiction qui se trouve entre le système des Articles Secrets et les
réponses de Charette dans son Interrogatoire, fait remarquer que cet Interrogatoire n'est pas revêtu de sa signature, malgré l'usage, et semble en
induire que la sincérité en pourrait être suspectée. Nous n'avons pas vu
l'original. Il nous paraît évident que, si les réponses de Charette eussent été
dénaturées à dessein, on n'y aurait pas laissé subsister la déclaration ci-
dessus, très peu honorable pour les négociateurs républicains.

M. l'abbé Deniau ayant interrogé les souvenirs de famille de M. Amédée de Béjarry, fils du négociateur de Charette à la Jaunaye, en a reçu la réponse suivante :

« Mon père m'a toujours affirmé qu'il n'y eut rien de sérieux en dehors du Traité écrit et *signé publiquement* par les plénipotentiaires; mais autour et de la part même des mandants, il y eut des paroles échangées, des propositions faites, par les Républicains surtout. Entre autres espérances dont ils faisaient un appât, se trouvait la délivrance et même la remise aux Vendéens du jeune Dauphin. Ce leurre fut offert à différentes fois aux insurgés, même lorsque le pauvre Prince n'existait plus. Mon père, qui avait reçu, dès le début des négociations, quelques communications mystérieuses à ce sujet, n'y avait pas été pris; mais de ces propositions répétées, dont quelques-unes furent très tardives, quelques chefs vendéens avaient conclu que Louis XVII n'était pas mort, et ils l'ont cru fermement jusqu'à la fin de leur existence [1]. »

La réserve même de ce langage lui donne plus d'autorité.

Voici maintenant le témoignage, important à consulter, et dont personne jusqu'ici n'avait eu connaissance, du général Louis de Frotté, le chef des Chouans de Normandie, le dernier combattant de la royauté, arrêté traîtreusement à Alençon, et odieusement fusillé à Verneuil, en février 1800. Frotté n'assista pas aux Conférences de la Jaunaye, mais il arriva, député par l'armée royale de Bretagne pour se renseigner sur la situation, au quartier général de Charette quelques jours après la signature du Traité. Il vit Charette dans l'intimité. Il échangea avec lui de longs entretiens, et put pénétrer très avant dans le secret de ses espérances, de ses griefs, de ses projets. Nous avons sous les yeux les lettres confidentielles, les notes particulières où Frotté, défendant Charette contre d'injustes accusations, consigne le résultat de ces épanchements. Pas un mot, pas un seul, nous l'affirmons, n'y fait la moindre allusion aux Articles Secrets qui auraient dû y tenir une grande place. Il y a plus : Frotté songeait alors à solliciter l'honneur de partager la captivité de son jeune maître; il parle de ce désir, des motifs qui l'ont amené à y renoncer, et l'accomplissement ou l'inaccomplissement des fameux Articles n'entre pour rien dans ses prévisions.

[1] *Histoire de la Vendée*, t. V, p. 45.

Il faut toutefois noter, dans une lettre particulière au général Dumesny [1], ces lignes qui semblent se référer, sinon à des engagements positifs pris en faveur du rétablissement de la monarchie par les Représentants réunis à la Mabilais, du moins à des promesses vagues, analogues à celles dont parle Charette dans son Interrogatoire : « Les Représentants pouvaient compter sur ma parole que j'entretiendrais de tout mon pouvoir la paix dans mon pays, tant qu'ils prouveraient aux Royalistes, par leurs mesures, le désir dont ils nous assuraient de nous faire obtenir par la conciliation ce que nous réclamions par les armes. »

Enfin, Mme de Sapinaud (née Marie-Louise de Charette), belle-fille de Charette, et femme du général Charles-Henri de Sapinaud de la Rairie, un des meilleurs divisionnaires de Charette, était mieux encore en situation de bien connaître ce qui s'était passé à la Jaunaye. Son mari était un des signataires du Traité. Elle ne dit rien des Articles Secrets dans ses *Mémoires* [2]. Elle se borne à rappeler « cette paix insidieuse où les Commissaires de la Convention abusèrent du désir ardent qu'avaient les Vendéens de rendre le bonheur à leur patrie... Pour elle seule, ajoute-t-elle, ils avaient désiré vaincre ou mourir. Français fidèles et dévoués, ils souhaitaient contribuer au retour de leur Roi et à la paix de ses sujets ; ils ne s'armèrent que contre les factieux et les régicides. » L'autorité de ce passage peut, ce semble, être invoquée contre l'existence des Articles Secrets.

Passons à Cormatin, le second de Charette dans l'œuvre de la pacification.

Cormatin, sans doute, n'inspire pas une confiance sans réserve. Il était plus intrigant que brave ou même qu'habile. On pourrait, toutefois, trouver quelques raisons de sympathie en sa faveur dans la rigueur et, tranchons le mot, dans l'indignité des persécutions dont il fut plus tard l'objet [3].

Cormatin a, lui aussi, invoqué l'existence des Articles Secrets. Il est d'ordinaire une des autorités que l'on cite pour la prouver.

---

[1] Brionne, 28 juillet 1795 ; en lui renvoyant des prisonniers.
[2] Paris, Beaudouin frères, 1823, in-8°, p. 102-3.
[3] Nous reviendrons quelque jour sur la biographie de ce personnage équivoque, et nous pourrons, à l'aide de pièces inédites ou peu connues, rectifier quelques-unes des nombreuses erreurs auxquelles elle a donné lieu.

Nous ne pouvons, toutefois, nous empêcher de faire remarquer qu'on n'a peut-être pas lu avec une suffisante attention ce qu'il dit à cet égard. Il ne s'engage point personnellement sur la question des Articles Secrets. Nulle part, il ne parle des promesses que certains négociateurs républicains lui auraient faites; nulle part, il ne précise ni leurs noms, ni les pouvoirs, dont ils auraient été revêtus, ni les circonstances ou les termes dans lesquels ils se seraient engagés. Il se retranche derrière la parole donnée à Charette, derrière les *Lettres des Représentants* que nous venons de reproduire, mais sans appuyer l'authenticité de cette parole ou de ces *Lettres* [1] par un seul mot de souvenir personnel. Pour qui connaît sa jactance ordinaire, sa manie de se mettre perpétuellement en scène, ce silence est significatif.

Précisons un peu davantage.

Arrêté à Rennes, avec quelques-uns de ses officiers, le 6 prairial an III (25 mai 1795), c'est-à-dire très peu de jours après la signature du traité de la Mabilais, transféré à Cherbourg, ramené à Paris, ce n'est qu'en brumaire an IV, après six mois de détention préventive, qu'il comparut devant le Conseil de guerre de Paris.

Il récusa énergiquement ce Tribunal. « Tout ce que j'ai pu faire « comme chef de Chouans avant le Traité de la Jaunaye, disait-il, « a été couvert par ce Traité ; pour ce que j'ai pu faire depuis, je « suis justiciable des tribunaux ordinainaires, c'est-à-dire du jury. »

Au cours des débats, il produisit plusieurs Mémoires pour sa défense. La plupart n'avaient trait qu'à la question de compétence, à laquelle il attachait, avec raison, une grande importance.

Dans un seul de ces Mémoires [2], il reproduit textuellement les deux Lettres attribuées, celle du 9 floréal an III aux Représentants Grenot, Guermeur et Guezno, et celle du 18 prairial an III au *Comité de Salut public*, que nous avons transcrites, en ajoutant : « Ces pièces furent interceptées par les Chouans et imprimées depuis notre arrestation à Rennes, dans une brochure intitulée : *Réponse des Chouans...* ». « La première, »

---

[1] Il est tout à fait inexact qu'il les ait publiées le premier, tout à fait injuste de . accuser de les avoir fabriquées. Elles furent imprimées pendant sa détention, longtemps avant qu'il songeât à s'en servir.

[2] *Mémoire et pièces justificatives de Cormatin et co-accusés, traduits, en violation de la Constitution en activité, devant un Conseil militaire qu'il a récusé, récusé et récusera.* S. l. ni d. ni nom d'impr.. 56 p. in-4°.

dit-il encore dans une note : « présente, *ainsi que cela a toujours été annoncé*, des Articles Secrets dans la Pacification. » Rien de plus.

Il est assez remarquable que, dans le cours de sa défense, Cormatin n'invoque point ces prétendus *Articles Secrets*, et glisse sur les promesses plus ou moins formelles qui lui auraient été faites à la Jaunaye, promesses dont l'inexécution de la part des Républicains aurait pu engager ses camarades à reprendre les armes. Il est vrai qu'elles n'étaient pas reprises au moment où il fut lui-même arrêté, et qu'il cherchait à établir qu'il ne s'était jamais écarté des termes du Traité dont il voulait se couvrir.

La publication de ces deux Lettres n'en produisait pas moins un effet immense. Elles furent réimprimées et placardées sur les murs de Paris [1]. On crut en général, ou l'on fit semblant de croire à leur sincérité. C'était une façon de faire de l'opposition au Gouvernement, si discrédité, du Directoire, encore qu'elles n'eussent été écrites ni par lui ni par ses agents. Le Conseil des Cinq-Cents, où siégeaient quelques-uns des anciens Conventionnels, pris directement à partie, s'émut. Nous verrons quelles furent leurs protestations.

Cormatin demandait le temps nécessaire pour produire les pièces originales qu'il indiquait : Tallien s'opposa au sursis, en soutenant que ce n'était de la part de l'accusé qu'un moyen de

---

[1] Un de ces placards existe aux Archives de Kernuz. C'est un in-fol. sans nom d'impr. ni l. ni d.

En tête :

CORMATIN AUX FRANÇAIS
LISEZ ET JUGEZ!

Suit la copie des « pièces produites par les Vendéens et les Chouans, depuis sa captivité. »

En note :

« On m'accuse d'avoir rompu le traité de Paix conclu entre la Convention et nous. On vient de voir que le Gouvernement d'alors nous trompait et l'a rompu lui-même. Il voulait la tête de tous les chefs, et tout le monde doit maintenant être convaincu qu'il veut plus particulièrement la mienne. Qu'on se reporte à la fameuse journée du 1er prairial, à nos arrestations du 6 du même mois, à la mort du jeune infortuné prisonnier au Temple, arrivée le 10 du même mois, à celle arrivée trois jours après du chirurgien Dussault (*sic*), appelé auprès de lui par le Comité, et qu'on juge!

« J'obtiendrai le temps nécessaire pour me procurer l'authenticité des pièces ci-dessus et autres, et alors on connaîtra d'où naît la perfidie.

« Le 21 frimaire,
                              « CORMATIN. »

gagner du temps et d'attendre un mouvement contre-révolutionnaire.

Ses exceptions furent rejetées. Un jugement du Conseil de guerre, du 28 brumaire an IV [1], le condamna à la déportation, et acquitta tous ses co-accusés. Cormatin, dont le système de défense avait dû porter au comble la colère et l'indignation de ses ennemis, semble avoir profité, dans une certaine mesure, de la faveur avec laquelle l'opinion publique avait accueilli ce système.

Il reparut plus tard, deux fois, devant le Tribunal criminel de la Manche : la première, sous l'inculpation d'émigration, et fut acquitté par ses juges, qui pensèrent avec raison que le Traité de la Jaunaye, où il avait été admis comme partie contractante, et les déclarations formelles faites à cet égard, lors de la première affaire, par les Représentants commissaires, avaient purgé ce chef d'accusation ; la seconde, sous l'inculpation d'un complot qu'il aurait organisé dans les prisons de Caen, et il fut acquitté par le Jury [2].

Pendant sa longue captivité, il écrivit un Mémoire autobiographique, resté inédit. C'était en 1799. Ce Mémoire, adressé à un ami, chargé de le transmettre à ses enfants, est plein de cette jactance ridicule que rien chez lui n'avait pu abattre. Il n'avait aucun motif pour y ménager les Représentants, pour y amoindrir l'incident relatif aux Articles Secrets, puisqu'il s'y proclame royaliste ; il se borne à le rappeler dans les termes suivants : « Vous avez vu, dans le Mémoire dont je vous parle, ce qu'on avait promis à Charette. Nul autre à ma place n'eût hésité et ne se fût fait une gloire d'imiter Charette. »

Cet aveu qu'on ne lui avait rien promis de positif à lui-même, cette référence calculée à des pièces sur lesquelles nous nous sommes déjà expliqué, atténuent singulièrement l'autorité du témoignage de Cormatin en faveur des Articles Secrets.

Passons à des chefs Royalistes moins directement engagés dans la question.

Fleuriot, un des signataires du Traité de la Jaunaye, aurait, paraît-il, affirmé, à l'époque même où ce Traité fut arrêté, qu'il

---

[1] *Moniteur universel* du 3 niv.

[2] V. *Les Recherches historiques et archéologiques sur la Basse-Normandie*, par M. Léop. Quénault. Coutances, 1864, in-12, p. 147.

existait des Articles Secrets, et que notamment le jeune Louis XVII devait être remis entre les mains de Charette, avant la fin de juin. C'est à M. de La Bouère qu'il aurait fait cette confidence, et le témoignage de M. de La Bouère, honnête homme d'ailleurs et d'une loyauté à l'abri de tout soupçon, est d'autant plus précieux qu'il était officier de Stofflet, et, comme nous le dirons tout à l'heure, mal disposé, sous ce rapport, en faveur de ce qui se passait à la Jaunaye [1].

Le même M. de La Bouère assista au dîner où se réunirent les chefs Vendéens et les délégués du Comité, le jour de l'Épiphanie. On y tira les Rois ; on y but à la santé de Louis XVII ; on y cria : Vive le Roi ! « Les envoyés pacificateurs, ajoute-t-il, se levèrent spontanément, comme nous, et firent chorus avec nous sans façon [2]. »

La Roche-Barnaud, officier royaliste, qui n'était pas à la Jaunaye, mais qui doit avoir connu beaucoup des officiers qui s'y trouvèrent, croit aux promesses qui leur auraient été faites de rétablir la monarchie [3].

Il faut reconnaître toutefois que, dans l'entourage de Stofflet, on ne crut pas aux Articles Secrets et on affecta même de les tourner en ridicule. Nous avons cité une lettre de Bernier à Scépeaux, du 24 juillet 1795, qui ne peut laisser de doute sur ce point : Stofflet et Bernier pouvaient avoir un certain intérêt à pallier ainsi leur refus d'accéder soit au traité de la Jaunaye, soit à la reprise d'armes.

Stofflet, arrêté à la ferme de la Saugrenière, dans la nuit du 23 au 24 février 1796 (4-5 ventôse an IV) fut interrogé par un Conseil militaire. Par une singulière réticence, on ne lui parla pas des Articles Secrets, de la promesse de rétablir la monarchie, de la reprise d'armes [4].

---

[1] La note, très précise, de M. de la Bouère est citée par Th. Muret, t. II, p. 249. Toutefois, dans des annotations marginales consignées par M. de la Bouère sur un exemplaire de la *Vie de Charette*, par Le Bouvier des Mortiers, dont M. Marie Baudry, de Cholet a bien voulu se dessaisir en notre faveur, nous n'avons trouvé aucune remarque sur ces Articles secrets, à l'existence desquels Le Bouvier des Mortiers croit absolument.

[2] Muret, t. II, p. 250 ; — Abbé Deniau, t. V, p. 18.

[3] *Mémoires sur l'Expédition de Quiberon.*

[4] Savary, t. VI, p. 191.

Mais dans une pièce, dont rien ne justifie l'authenticité [1], bien que son auteur ait certainement reçu des communications particulières, on suppose que Stofflet, aux questions de plusieurs Républicains, qui ne se nomment pas, avait répondu avec une certaine franchise, et qu'il avait notamment donné des explications sur les fameux Articles.

« *Le Républicain :* Revenons à la Pacification, et dites-moi si les Députés *amnistieurs* vous avaient parlé d'un roi.

« *Stofflet :* Monsieur, je n'ai traité avec les députés pacificateurs qu'après M. Charette ; le Général, dans une lettre antérieure à son entrevue avec M. Ruelle et autres, m'avait assuré que la première clause secrète exigée par lui serait *le rétablissement de la royauté*. Après son *conclusum* près de Nantes, il m'écrivit que les conditions secrètes avaient été consenties, que je pouvais traiter avec confiance, que cependant, relativement au *rétablissement de la royauté*, il avait été convenu qu'il ne fallait pas brusquer l'exécution de cette condition ; qu'*avec de la politique et du temps, tout irait à souhait.*

« *Le Républicain :* Vous ou quelques-uns des vôtres, êtes-vous dépositaires de quelques pièces qui puissent constater ce que vous me dites?

« *Stofflet :* Non, Monsieur, malheureusement ; nous avons été confiants dans les promesses verbales des pacificateurs, mais les paroles volent... (Avec réflexion.) Ah ! Monsieur, ce n'est pas moi qui devrais être aujourd'hui immolé pour avoir, comme on le prétend, violé les Traités ; ce sont les Représentants pacificateurs qui devraient être à notre place, pour nous avoir fait des promesses qu'il n'était pas en eux de tenir ; ils nous ont trompés ; en violant les conventions secrètes, ils nous ont dégagés de nos serments, et nous avons repris les armes.

« ....Quel que soit l'état de choses, je suis convaincu que si je pouvais appeler de mon jugement devant les Députés qui ont traité avec moi, je trouverais en eux des défenseurs officieux... »

Nous ne pouvons croire à cette correspondance entre Charette et Stofflet, après la Pacification de La Jaunaye. A ce moment, nous le répétons, ils étaient plus disposés à se faire la guerre, à se déclarer respectivement traîtres, qu'à s'écrire amicalement.

[1] *Dialogue entre un Républicain et Stofflet, pendant la nuit du 5 ventôse, durant laquelle s'instruisait l'affaire de ce chef de Rébellion et de quatre Vendéens, ses coaccusés.* Publié dans le *Rédacteur* du 20 avril et reproduit dans *le Journal* de Peltier, du 7 mai.

Le comte Colbert de Maulévrier qui, du reste, n'était pas alors en Vendée [1] ; Gibert, officier de Stofflet, mais signataire du Traité, nient l'existence des Articles.

Poirier de Beauvais, commandant général de l'artillerie des armées de la Vendée [2], était présent aux Conférences de la Jaunaye. Dans les Mémoires qu'il publia dès 1798 [3], il critique vivement le Traité. Il prétend que le premier devoir des chefs Royalistes était de demander le rétablissement du Roi, et il leur reproche de ne l'avoir pas fait. « Il ne peut y avoir d'excuse à cet égard. Eussions nous été forcés de faire la paix, et sûrs d'être refusés dans cette demande, il était d'un chef vendéen de la faire... J'en fis l'observation à Charette. Il me dit avec aigreur qu'il ne voyait pas que, pour censurer les autres, j'eusse tant fait moi-même pour les Bourbons. Je lui répondis que c'était parce que ma tâche n'était pas remplie que je voulais continuer à les servir, et je me tus, sachant qu'il n'y avait pas sûreté pour moi d'en dire davantage. » Il ressort évidemment de ce passage et du reste de son livre, que Beauvais ne fût pas initié, et qu'il ne croyait même pas aux prétendus Articles Secrets.

Puisaye, qui ne pouvait non plus voir de bon œil le Traité de la Jaunaye, conclu en dehors de lui et contrairement à ses vues personnelles, ne s'est pas montré plus favorable [4]. « On a fait courir, dit-il, le bruit que, par un Article Secret, explicatif de la promesse de donner au peuple français un gouvernement solide, les envoyés de la Convention s'étaient engagés à provoquer le rétablissement de la monarchie dans la personne de Louis XVII. D'autres ont été plus loin, et ont prétendu que ce jeune prince, qui était alors enfermé au Temple, devait être mis aux mains des chefs royalistes aussitôt que toutes les armées auraient accédé au Traité. Ces bruits oiseux, qui ont pris leur origine d'une fable de Cormatin, étaient du nombre des mille et mille

[1] Le comte Colbert de Maulévrier aurait dit dans ses Mémoires : « Il est faux que le Traité de paix ait eu pour base le rétablissement de la royauté, et il eût été inutile d'insister sur un pareil Article. » (*Stofflet et la Vendée*, p. 308.)

[2] Par Brevet du 7 juin 1794.

[3] Sous ce titre : *Aperçu sur la guerre de la Vendée. Extrait des Mémoires manuscrits du général Beauvais*. Londres, Baylis, 1796, in-8° de 4 et 92 p.

[4] *Mémoires*, t. IV, p. 539.

mensonges que l'esprit d'intrigue et de parti a fait circuler à toutes les crises révolutionnaires. Le nom du Roi n'a été prononcé à aucune des Conférences secrètes ou publiques [1]. »

Des témoignages, ainsi comparés et soumis à une analyse sévère, des négociateurs royalistes, y compris même Charette et Cormatin, se dégage donc, non pas l'affirmation d'Articles Secrets rédigés et signés à la Jaunaye, mais de pourparlers plus ou moins sérieux entre eux et les Représentants sur les points qui auraient dû faire l'objet de ces Articles, de promesses plus ou moins positives, verbales seulement, de la part de ces derniers.

III

NÉGOCIATEURS RÉPUBLICAINS.

Les négociateurs républicains n'ont jamais avoué l'existence des Articles Secrets. Les membres du Comité de Salut public, avec ou sans l'autorisation desquels ils auraient pris des engagements particuliers vis à-vis des chefs royalistes, ne l'ont pas avouée davantage. Ces dénégations étaient forcées : un pareil aveu les déshonorait et les envoyait à l'échafaud, qui n'était pas encore renversé. Reste à voir dans quels termes, dans quelles circonstances leurs protestations se sont produites. Il est permis de trouver qu'elles auraient dû avoir plus d'élan, d'ensemble et de netteté. Elles trahissent un véritable embarras. Elles manquent peut-être de franchise ; assurément d'habileté.

A la séance du 24 ventôse (14 mars 1795), Ruelle, qui paraît avoir joué dans l'affaire des conventions de la Jaunaye, officielles ou secrètes, le rôle principal, faisait hommage à la Convention, au nom de Charette, des drapeaux de l'armée royale. Il s'exprimait ainsi : « Depuis huit jours, la malveillance s'agite contre les négociateurs du Traité. On dit qu'ils ont favorisé les Royalistes, qu'ils ont promis aux Vendéens de leur livrer des places et que des Articles Secrets leur garantissent l'exécution de cette promesse. » Il ne protestait point autrement contre

[1] Cette dernière assertion n'est elle pas bien hasardée ? Qu'en pourrait savoir Puisaye, alors en Angleterre ?

cette accusation, comme s'il eût cru au dessous de lui d'y répondre, et son discours, véritable dithyrambe en l'honneur des généraux royalistes, couronné par la remise des drapeaux, était accueilli par les applaudissements enthousiastes de la Convention. Le Traité était approuvé d'une voix et sans discussion [1]. Ruelle n'essayait-il pas de donner le change sur le véritable caractère des accusations dirigées contre lui? Ne ménageait-il pas ainsi tout à la fois les susceptibilités républicaines de la Convention, et les espérances de ses nouveaux amis?

La paix conclue avec les Chouans à la Mabilais, près Rennes, le 30 germinal (19 avril), raviva, paraît-il, les bruits de restauration monarchique qui circulaient depuis le Traité de la Jaunaye.

La Proclamation que nous avons citée, datée de Rennes, le 8 floréal an III (27 avril), et signée par Guezno, Guermeur, Grenot et Corbel, Représentants près des armées des Côtes de Brest et de Cherbourg, le prouve :

« Les soupçons, porte cette Proclamation, que la calomnie ose répandre sur l'esprit et la teneur des conditions que les Représentants du Peuple ont accordées aux Chouans, pour prix de leur soumission, nous imposent l'obligation de les faire connaître au public. On verra que nos Arrêtés sont calqués sur ceux pris pour les Vendéens, déjà ratifiés par la Convention nationale. On verra qu'aucune idée de royalisme, qu'aucune faiblesse n'a souillé ces actes de bienfaisance et de générosité, exercés sous l'influence de la justice et dictés par le désir de faire oublier, comme de faire cesser, les calamités de la guerre civile. »

On aurait pu s'attendre à une plus vive indignation contre les soupçons d'intrigues royalistes dont se plaignent ici quelques-uns des négociateurs, à un démenti plus collectif et plus énergique à la fois.

Cormatin est arrêté, comme nous l'avons vu, le 6 prairial, et longtemps oublié en prison.

Charette ressaisit les armes à la fin de juin, et dans le prétendu Manifeste daté du 22 de ce mois, ainsi que dans la Proclamation du 26, que nous avons cités, il prend à partie, directement, non-seulement les négociateurs du Traité de la Jaunaye, mais les

[1] *Moniteur du 26 ventôse*; — *Annales Patriotiques* des 25 et 26 ventôse ; — *Procès-Verbal de la Convention nationale*, t. LVII, p. 103-104.

membres du Comité de Salut public. On publie même, comme
émanant d'eux, des Lettres odieuses, dans lesquelles ils sont censés avouer les promesses secrètes qu'ils lui auraient faites à la
Jaunaye et la perfidie avec laquelle ils auraient trouvé moyen de
les éluder.

A ces inculpations directes, précises, nominatives, les Représentants ne répondent, ni individuellement, ni collectivement.

Mais Cormatin, traduit enfin devant un Conseil de guerre à
Paris, en brumaire an IV, reprend l'accusation. Dans un Mémoire pour sa défense, il publie les deux fameuses Lettres ; elles
sont même affichées sur les murs de Paris.

L'émotion est très grande dans le public et dans les Conseils.
Les Députés inculpés, forcés de donner des explications, montent
enfin à la tribune.

Voici, d'après le récit textuel du *Moniteur*, ce qui se passa à
la séance du 22 frimaire an IV (13 décembre 1795) du Conseil
des Cinq-Cents [1].

« Roux (*de la Marne*) : On sait de quels efforts les Royalistes sont
capables, lorsqu'ils ont résolu de calomnier des Représentants du
Peuple ; mais j'ai à vous entretenir d'un trait plus hardi que tous ceux
dont vous avez eu jusqu'ici connaissance. Cormatin est mis en jugement, et ne sachant plus comment éterniser son procès [2], il vient
de faire placarder une affiche dans laquelle il atteste que l'ancien
Comité du Gouvernement lui avait assuré une garantie et l'impunité ;
il a l'audace de produire une copie de lettre qu'il attribue aux Membres du Comité de Salut public, dont il relate les signatures. Il dit
plus : il prétend que le Comité de Salut public s'est engagé avec lui à
faire transférer le jeune Capet et sa sœur à Saint-Cloud, pour de là
les faire passer à la Vendée.

« Je suis du nombre de ceux dont on relate la signature dans le
placard ; je ne crois pas avoir besoin de déclarer que je n'ai jamais eu
de correspondance avec Cormatin ; mais il était nécessaire de fixer
l'attention sur la prétendue amnistie invoquée, et sur les lettres
dont on suppose l'existence.

« J'espère que tant d'audace et de calomnie seront couvertes du
mépris qu'elles méritent.

[1] *Moniteur* du 29.

[2] L'accusation est absurde et odieuse. Cormatin, arrêté le 25 mai 1795,
était resté en prison par la seule faute du Gouvernement Républicain, qui
cherchait à s'en excuser dans la séance du deuxième complémentaire an III,
en alléguant que le dossier serait resté jusque-là aux mains de Guezno et
de Guermeur.

« DOULCET : L'écrit dont Roux vient de parler est répandu avec une extrême profusion; la Lettre qui y est citée est extraite d'un ouvrage très volumineux, ayant pour titre : *Réponse des chefs des Chouans au Rapport du soi-disant Représentant du Peuple Doulcet, membre de la soi-disant Convention Nationale.* Cet écrit, envoyé à toutes les armées et dans toute la République, n'aura pu séduire sans doute que ceux qui auront bien voulu l'être. Je ne croyais pas, et je ne crois pas devoir attester que jamais je n'ai signé un Traité de ce genre; cependant, je ne suis pas fâché que mon collègue Roux ait donné de la publicité au démenti pour lequel je me joins à lui.

« Sans doute cette affaire va devenir le sujet de beaucoup de calomnies; sans doute elle va être relevée par les journaux qui ne cessent depuis six mois d'apitoyer sur le sort des Chouans, et de s'étendre sur la scélératesse avec laquelle la République les trahit. Quoi qu'il en soit, la vérité est une, et si notre témoignage est interpellé, nous paraîtrons au Tribunal, et nous la ferons connaître tout entière.

« TALLIEN : Je n'aurais pas parlé de cette affaire, si mon collègue Roux n'en avait le premier entretenu le Conseil. Je pense que la lecture seule du Placard et de la Lettre qu'on nous attribue, doit détromper tous ceux qui ne liront pas avec des yeux prévenus; le style en est si bas, si dégoûtant, les termes en sont si orduriers, qu'il est impossible de supposer qu'ils aient jamais appartenu à des hommes qui trahissent les intérêts de leur patrie. Je me joins à la déclaration de mes collègues; j'atteste que je ne connais aucune lettre de cette nature, et je rappelle d'ailleurs au Conseil que tout ce qui est relatif à la pacification de la Vendée doit concerner les Représentants du Peuple qui ont été en mission dans les départements insurgés.

« Je dois cependant faire remarquer quelle circonstance on saisit, et avec quel zèle on cherche à égarer l'opinion. Les assistants au procès de Cormatin disent que l'auditoire est entièrement composé de Royalistes qui cherchent à apitoyer sur le sort de l'accusé. Quand les témoins rapportent quelques faits à sa décharge, ils disent aussitôt à ceux qui les entourent : « Voyez-vous, c'est la Convention qui a trahi « sa promesse envers ces malheureux; il y avait des conditions se- « crètes ! »

« Ces manœuvres ne doivent point étonner le Conseil; elles n'ont pour but que d'égarer l'opinion publique, de la royaliser et d'apitoyer sur le sort des ennemis de la République; pour déjouer de pareilles machinations, il doit suffire de les faire connaître.

« TREILHARD : Je n'ai pas demandé la parole pour dénier la signature qu'on m'attribue; je n'en ai pas besoin ; mais j'ai voulu seulement faire remarquer au Conseil quelques lignes qui se trouvent au

bas du placard de Cormatin. Il dit : « J'espère que j'obtiendrai le temps
« nécessaire pour produire les pièces originales que j'indique. » Il n'en
faut pas davantage pour fixer l'opinion sur le but de Cormatin ; pendant huit mois, il a éloigné, je ne sais par quel moyen, le juste sup-
plice qu'il a mérité ; et sous ce prétexte qu'il attend de nouvelles
pièces, il veut encore gagner quinze jours ou un mois, parce que,
dans l'esprit de messieurs les Royalistes, qui croient chaque jour à
la contre-révolution, un mois est beaucoup ; et selon eux, de très
grands événements peuvent arriver pendant cet espace de temps.

« Je demande qu'un tel objet n'occupe pas plus longtemps le Conseil, et qu'on passe à l'ordre du jour.

« Le Conseil ne donne aucune suite à cet incident. »

On ne peut s'empêcher de remarquer ici :

1° Que des Députés qui firent entendre ces protestations, aucun
n'avait pris part aux négociations de la Jaunaye, et que c'est à
la Jaunaye qu'auraient dû être échangées les demandes et les
promesses connues sous le nom d'Articles Secrets ;

2° Qu'un seul d'entre eux, Doulcet, avait pris part à celles de
la Mabilais, et une part très secondaire [1] ;

3° Que les désaveux exprimés à la Tribune portent uniquement
(et c'est une circonstance bien singulière) sur la sincérité des
signatures des deux Lettres publiées par Cormatin, et laissent de
côté la question proprement dite des Articles, qui en est tout à
fait distincte. Les Lettres auraient pu être fabriquées, sans que
les Articles cessassent d'être une vérité.

Quelque chose de plus singulier encore ressort de l'attitude
des signataires des deux Traités. Aucun d'eux ne s'associe par des
lettres, par des protestations indignées, aux dénégations de Tallien et consorts.

Il est donc vrai de dire que dans cette circonstance, si solen-
nelle pour eux, leur attitude a manqué de fermeté ou d'habileté,
qu'elle est loin de démentir la supposition de conventions ou de
promesses secrètes échangées à la Jaunaye.

Il faut toutefois ajouter, pour n'omettre aucun élément d'appréciation, que la correspondance des Représentants négociateurs, entretenue avec les généraux républicains, ne révèle rien

[1] Il n'est fait aucune allusion à cet incident dans les *Souvenirs historiques
et parlementaires* du comte de Pontécoulant (Doulcet), publiés après sa mort
(1861, 4 vol. in-8°).

de relatif aux prétendus Articles Secrets. Cette correspondance se trouve en grande partie aux archives du château de Kernuz (Finistère), chez notre savant ami, M. du Châtellier, correspondant de l'Institut, qui en a extrait la matière de son *Histoire de la Révolution en Bretagne*, et celle d'autres publications intéressantes sur Hoche, Watrin, Travot, etc. Nous avons pu la consulter, grâce à la parfaite obligeance de M. du Châtellier. Nos recherches sur les Articles Secrets n'ont pas été plus heureuses que les siennes. Faut-il en conclure avec lui que l'existence des Articles secrets n'est qu'un grossier mensonge [1]? Nous n'oserions aller jusque-là. Certaines pièces, d'un caractère particulièrement secret, auraient pu être détruites. Les correspondances des traîtres ne sont, d'ailleurs, ni fréquentes, ni longues. Ils se font mutuellement peur. Reste toujours ce fait acquis et grave, que ce qu'on connaît de la correspondance des Représentants n'a rien qui les engage sur la question que nous examinons en ce moment.

Il y a plus : le vieux Guezno, dans la loyauté duquel M. du Châtellier avait la plus entière confiance, lui écrivait le 30 avril 1836, en réponse à ses instances sur le point de savoir s'il y avait eu à la Jaunaye ou à la Mabilais des Articles Secrets entre les Représentants et les chefs royalistes, une lettre restée inédite et dont nous extrayons le passage suivant :

« Je vous déclare de rechef que mon collègue Guermeur et moi n'avons assisté qu'aux Conférences de la Mabilais, et que nous n'avons pas été présents à celles qui ont eu lieu de l'autre côté de la Loire. J'affirme qu'à la Mabilais, il n'a jamais été question ni du rétablissement de Louis XVII, ni d'Articles Secrets promettant ce rétablissement. Je suis aussi convaincu qu'il n'en a pas été question dans les Conférences qui ont eu lieu de l'autre côté de la Loire, lorsque ceux de nos collègues envoyés près de l'armée de l'Ouest ont pacifié la Vendée. Cette pacification a précédé celle de la Mabilais. Nous invitâmes ceux de nos collègues qui avaient fait la paix avec les Vendéens à venir nous rejoindre à Rennes et à s'unir à nous pour conclure avec les Chouans une pacification pareille à celle qui venait d'être conclue avec Charette et qui se fit ensuite avec Stofflet, qui fut le dernier à se soumettre.

« Les conditions de la Pacification furent discutées et délibérées à la Mabilais, en présence de plusieurs Représentants et de plusieurs chefs de Chouans. J'affirme que, de part ni d'autre, on ne mit jamais en

<hr>

[1] T. IV, p. 467.

délibération le rétablissement de Louis XVII et qu'il n'y fut jamais question d'aucun Article Secret. Si une pareille proposition avait été faite dans les temps, par l'un des Représentants présent aux Conférences, on l'aurait considéré comme atteint de vertige, comme ayant perdu la tête ; si la proposition s'était faite par l'un des chefs de Chouans et s'il avait insisté pour qu'on s'en occupât, il n'en aurait pas fallu davantage pour faire cesser toute discussion, renoncer à tout espoir de paix et continuer la guerre.

« A cette époque, l'Espagne était en paix avec la République. La Prusse venait de faire la sienne. Nous en reçumes la nouvelle le 25 germinal an III, et nous la fîmes publier le même jour [1].

« A cette époque, il n'y avait que quelques vieux Royalistes et ceux qui les servaient qui songeassent aux Bourbons. Ils étaient oubliés de la grande majorité des Français. Leurs plus chauds partisans regardaient leur rétablissement sur le trône comme impossible [2] ; il y aurait donc eu de la folie à le proposer. Je proteste qu'on ne l'a pas fait et que je l'aurais combattu de toutes mes forces, si on l'avait fait. »

On ne saurait voir de démenti plus catégorique, et nous avons voulu laisser à la protestation de Guezno sa physionomie véritable, en n'en retranchant, en n'en changeant pas un seul mot.

Nous n'attachons que très peu d'importance à cette lettre du Représentant Delaunay où quelques historiens ont cru voir une sorte d'aveu. « Croyez, écrivait-il au Comité de Salut public le 29 floréal an III (18 mai 1795), que s'ils ont (les Vendéens) pacifié, c'est qu'ils n'étaient pas encore organisés et qu'ils ne pouvaient avoir un roi par la force des armes. » Dans quelle autre voie leur avait-on montré l'accomplissement de ce vœu? a-t-on demandé. La Lettre ne dit pas, ce nous semble, qu'on le leur eût montré dans une voie quelconque.

Dans un sens tout opposé, Boursault-Malherbe, membre de la Convention et délégué dans l'Ouest, mais que sa mésintelligence avec ses collègues et avec Hoche avait empêché de prendre part

---

[1] La paix fut signée avec la Prusse le 10 germinal an III (13 mars 1795), avec l'Espagne, le 4 thermidor (22 juillet). Le Traité avec Charette était du 29 pluviôse an III (17 février); celui avec Cormatin, de 1 floréal (20 avril); celui avec Stofflet, du 13 floréal (2 mai). La situation vis-à-vis de l'Étranger ne peut donc être invoquée à l'occasion du Traité de la Jaunaye.

[2] Assertion bien hasardée, en présence de l'insurrection du 13 vendémiaire (5 octobre 1795) qui suivit de si près les traités de la Jaunaye et de la Mabilais, et des élections qui précédèrent et amenèrent le coup d'État du 18 fructidor (4 septembre 1797).

à la Pacification, qu'il qualifie quelque part de *monstrueuse* [1], affirme, de la manière la plus positive, que la remise des enfants de Louis XVI aux Vendéens était une condition expresse du Traité :

« En se taisant, dit-il, sur l'Article Secret relatif au jeune Louis XVII et à sa sœur, article par lequel il était formellement promis, au nom de la Convention, de les rendre aux Brigands à une époque fixée, les négociateurs de la République avaient espéré que l'on pourrait retarder la remise des Enfants. Ils avaient promis d'amener Charette à signer la paix ; ce fut pour eux une espèce de point d'honneur ; ils s'engagèrent à tout ce qu'il demanda. Le 6 janvier, on avait vu des officiers et même des Représentants boire avec les Vendéens à la fête du Roi. La République était forcée de faire la paix. Elle crut devoir laisser sciemment tromper ses ennemis. Je refusai d'assister aux Conférences de la Jaunaye et à celles de la Mabilais, pour le motif que c'était petitement agir avec des hommes égarés, mais qui avaient de la loyauté et de l'honneur. En ce temps-là, Charette eût demandé l'abolition de la République, qu'en serrant un peu le bouton, il aurait obtenu l'objet de sa demande. L'article concernant Louis XVII et sa remise aux mains de Charette a existé séparément. Le Traité en huit articles qui promet le rétablissement de la monarchie est vrai dans tous ses points. On l'a nié depuis ; mais je sais que Cambacérès l'a donné en original à Bonaparte, et je n'ai pas été surpris de le trouver dans les *Mémoires* de ce dernier. J'en ai moi-même une copie que j'ai faite à Nantes, et que, deux mois après, Hoche, à son quartier de Rennes, n'a jamais voulu croire [2]. Le Comité de Salut public et la Convention n'auraient jamais sans doute ratifié de pareils engagements. Mieux valait alors suivre mon idée et ne pas les prendre : car qui sait si on n'a pas été obligé de sortir par un crime de cette situation ? »

De ces terribles insinuations de Boursault, rapprochons celles d'un autre personnage qui, s'il n'avait pas pris part à la négociation des Traités, avait vécu dans l'intimité des négociateurs et joué dans la Convention un rôle des plus importants ; nous voulons parler de Barère.

---

[1] Savary, t. IV, p. 366.

[2] *Mémoires* cités par Crétineau-Joly, *Histoire de la Vendée militaire*, t. II, p. 303-4, et par l'abbé Deniau, t. V, p. 42. Nous avons inutilement cherché ce passage dans les nombreux *factums* de Boursault que possède la Bibliothèque Nationale. Il est, du reste, tout à fait en rapport avec les idées de cet énigmatique personnage tour à tour et parfois en même temps comédien, conventionnel, spéculateur, fleuriste, écrivain.

« L'histoire recherchera quels traités étranges et imposteurs autant qu'anti-nationaux furent faits entre ce Comité et le Chef de l'armée catholique ; traités qui trouvèrent une *solution quelconque* dans la mort précoce du fils de Louis XVI, détenu au Temple [1]. »

L'existence des Articles Secrets a donc trouvé des croyants dans le parti révolutionnaire, et même parmi les contemporains les mieux placés pour connaître la vérité.

IV

HISTORIENS.

Nous allons trouver les mêmes contradictions parmi les historiens et les écrivains qui ont eu occasion de s'occuper du Traité de la Jaunaye.

La plupart des historiens royalistes ont admis, les uns la promesse que les Représentants auraient faite à Charette de rétablir la monarchie, d'autres celle de la remise entre ses mains du jeune Louis XVII, la plupart cette double promesse.

On peut citer dans le nombre :

Le Bouvier des Mortiers [1]; Bourniseaux [2]; Chateaubriand [4]; Vouziers [5]; Genoude [6]; Vicomte de Conny [7]; Séguin [8]; Crétineau-Joly [9];

[1] *Mémoires*, publiés par M. Carnot, 4 vol. in 8.

[2] *Vie du général Charette*, 1809, p. 335, et *Supplément*. p. 111, 119.

« Des demandes impérieuses d'un côté, des promesses de l'autre....., » écrivait, en 1809, au milieu des survivants des officiers de Charette, cet historien qui n'avait rien négligé pour se bien renseigner sur tout ce qui concernait son héros ; «Charette voulait le rétablissement de la monarchie ; les commissaires pacificateurs faisaient entendre qu'on ne pouvait en faire mention dans le Traité. »

[3] *Histoire complète des guerres de la Vendée*, t. II, p. 313.

[4] *La Vendée*, dans *Le Conservateur*, t. VI, p. 215.

[5] *Athanase Charette, général vendéen*. Paris, Tiger, in-18, p. 97.

[6] *Voyage dans la Vendée*, p. 90.

[7] *Histoire de la Révolution de France*, t. V, p. 253.

[8] *Histoire de la Chouannerie*, t. I, p. 209.

[9] *Histoire de la Vendée militaire*, t. II, p. 300 et suiv.

Crétineau-Joly ne fait toutefois aucune allusion ni aux Articles Secrets, ni même à la pacification de la Jaunaye, dans son *Drames politiques de Charette* (Paris, Hivert, 1831, in-8o).

Moret [1]; La *Nouvelle Biographie générale* [2]; Le Pelletier [3]; Bougler [4]; Delandine de Saint Esprit [5]; D'Allonville [6]; le général Danican [7]; Capefigue [8].

Bien que la plupart de ces historiens n'aient pas examiné la question avec le scrupule qu'elle mérite et n'aient guère fait que se copier les uns les autres, il faut reconnaître qu'il y a là un concours important d'opinions ou de témoignages ; plusieurs d'entre eux, d'ailleurs, écrivaient à une époque et dans des circonstances qui devaient leur faciliter la connaissance de la vérité.

D'autres historiens, appartenant comme eux à l'École royaliste, ont gardé sur les Articles Secrets un silence assez significatif, car il ne peut être involontaire : Beaulieu [9]; Bertrand de Molleville ou plutôt Delisle de Sales [10]; Walsh [11]; de Préo [12]; Madame de la Rochejaquelein [13]. M. de Barante [14], sans admettre l'existence des Articles Secrets, parle, comme nous l'avons vu, d'ouvertures faites d'un côté, et non repoussées de l'autre.

[1] *Histoire des Guerres de l'Ouest*, t. II, p. 248, et *Vie populaire de Charette*, p. 46.

[2] Art. CHARETTE.

[3] *Histoire complète de la province du Maine*, t. II, p. 309.

[4] *Biographie des députés de l'Anjou*, t. II, p. 141.

[5] *Histoire de la Terreur*, p. 99.

[6] *Mémoires secrets*, t. III, p. 281.

[7] *Les Brigands démasqués*, 1796, in-8°, p. 176 et 180. Danican parle de « la lâcheté et de la perfidie de quelques-uns des Députés républicains. Le Comité de Salut public n'a jamais osé publier les Articles Secrets de ces Traités de paix. »

[8] *L'Europe pendant la Révolution française*, 1835, t. III, p. 38. Voici encore, extraits du poème de *La Vendée*, par M. Gaston de Flotte, p. 209, quelques vers qui confirment la tradition royaliste :

> « Les vaincus triomphants exigent plus encore ;
> Au nom de l'avenir rappelant le passé,
> Ils réclament le prix de tout le sang versé ;
> La fille du Roi martyr, sa fille évangélique,
> Prisonnière des bourreaux et de la République,
> Délivrée de leurs fers, à Charette remis,
> D'une douteuse paix sont le gage promis. »

[9] *Essais historiques sur les causes et les effets de la Révolution de France*, an XI, t. VI, p. 166.

[10] *Histoire de la Révolution de France*, 1803, t. XIII, p. 250.

[11] *Lettres Vendéennes*, XXVII.

[12] *Les Héros de la Vendée*, p. 283.

[13] *Mémoires*, chap. XXII.

[14] *Histoire de la Convention nationale*, tomes V et VI.

Enfin, d'autres écrivains royalistes, comme Lacretelle [1]; Auguste Johanet, [2]; A. de Beauchamp [3], repoussent plus ou moins nettement la supposition des Articles Secrets.

M. Edmond Stofflet la combat avec une certaine vivacité. Il semble préoccupé du désir de justifier son grand oncle de la résistance qu'il avait faite aux vues de Charette, lors de la Pacification de la Jaunaye. A l'appui de son opinion, M. Stofflet invoque les Mémoires des Vendéens dont nous venons de parler, Gibert, Colbert de Maulévrier, Poirier de Beauvais, Puisaye, et même, en s'en exagérant la portée, l'autorité de Savary [4].

L'abbé Deniau, le plus récent des historiens de la Vendée, a traité la question des Articles Secrets avec plus de soin que ses devanciers [5]. Il présente avec impartialité les principales raisons des deux opinions; mais il n'a pas connu tous les éléments du problème. Il conclut en disant : « Des clauses secrètes ont été offertes à la Jaunaye, par les Républicains; des Royalistes les ont cru proposées de bonne foi ; mais les négociateurs de Charette les ont regardées comme un leurre, et ne les ont pas signées. »

Nous croyons que peu des lecteurs de M. l'abbé Deniau partageront son avis sur ce point. Ils trouveront ou qu'il s'est exagéré la portée des paroles de M. de Béjarry que nous venons de citer d'après lui, ou que M. de Béjarry s'est lui-même exagéré certains détails des Conférences. On comprendrait que les Royalistes eussent demandé le rétablissement de la monarchie, la délivrance des Orphelins du Temple, et qu'on les leur eût refusés : mais que cette reconnaissance et cette remise leur étant offertes, *par écrit*,

---

[1] *Histoire de la Révolution française ; Convention nationale*, t. III, p. 301-302.

Lacretelle ajoute toutefois : « il est plus vraisemblable que Charette obtint l'engagement que la Convention nationale adoucirait la rigueur de la captivité du jeune roi et de la princesse sa sœur, et peut-être la promesse que la liberté leur serait rendue dans un délai donné. »

[2] *La Vendée à trois époques*, t. I, p. 349.

[3] *Histoire de la guerre de la Vendée*, t. III, p. 93 et suiv. et 432; IV, p. 35.

[4] Savary est loin de mériter les éloges que M. Stofflet donne à son impartialité, qui n'est que relative. Non seulement, parmi les nombreuses pièces mises à sa disposition, il trie pour les publier, avec une prédilection marquée, celles qui flattent son opinion, mais en les publiant, il se permet des retranchements et même des changements qui en altèrent parfois le sens véritable. La collation attentive de ses textes imprimés avec les originaux des Archives de la Guerre m'en a donné la preuve. Sur cette question des Articles Secrets, il ne s'engage d'ailleurs qu'avec une certaine réserve.

[5] Tome V, p. 40-46.

ils aient eux-mêmes refusé leur signature à une pareille convention, on ne le comprendra jamais.

Les écrivains d'une autre couleur ne sont pas non plus d'accord entre eux.

Plusieurs, et des plus considérables, Thiers ; Mignet ; Buchez et Roux; Michelet; Dulaure [1] ne parlent pas des Articles Secrets, dans leurs histoires générales de la Révolution; le Cousin Jacques (Beffroy de Reigny) [2]; Montgaillard [3]; Ed. Burette et Ul. Ladet [4]; Ach. Roche [5]; Cabet [6]; H. Martin [7] n'en parlent pas davantage. Dans leurs ouvrages spéciaux sur les guerres de la Vendée, Mortonval [8] et Darmaing [9] gardent également le silence sur les Articles Secrets. Évidemment, ils n'en admettent pas l'existence.

Parmi ceux qui la combattent ouvertement, nous trouvons Nougaret [10]; M. du Châtellier, qui disposait de renseignements si importants et qui la traite de « grossier mensonge [11]; » Le Jean [12]; Fantin-Desodoarts [13], qui l'appelle « une pure chimère; » Savary, qui se fonde, toutefois, sur les *Mémoires* de Gibert, officier vendéen, au lieu d'invoquer des raisons supérieures, tirées de l'état même des choses, et qui, en parlant de la pièce citée par Napoléon, se borne à dire : « Cette pièce *paraît* supposée, comme tant d'autres, fabriquées postérieurement par Cormatin [14]. » Il y a là deux grosses erreurs : la pièce donnée par Napoléon n'avait point été publiée par Cormatin, et les pièces mêmes éditées par celui-ci étaient, comme nous l'avons vu, em-

[1] *Esquisses historiques des principaux évènements de la Révolution française.*

[2] *Dictionnaire néologique des hommes et des choses de la Révolution* (1803).

[3] *Histoire de France, depuis la fin du règne de Louis XVI jusqu'à l'année* 1825, t. IV, p. 312.

[4] *Hist. de la Révolution française, de l'Empire et de la Restauration,* 1844, t. IV, p. 95.

[5] *Hist. de la Révolution française,* 1825.

[6] *Histoire populaire de la Révolution française,* t. IV, p. 210.

[7] *Histoire de France depuis* 1789 *jusqu'à nos jours,* t. II.

[8] *Histoire des Guerres de la Vendée,* p. 337.

[9] *Résumé de l'Histoire des Guerres de la Vendée,* 1826, in-18.

[10] *Histoire de la Guerre civile en France,* 1803, t. II.

[11] *Histoire de la Révolution dans les départements de l'ancienne Bretagne,* t. IV, p. 448, 459, et t. V, p. 45.

[12] Art. *Charette,* dans la *Biographie bretonne.*

[13] *Histoire philosophique de la Révolution de France,* t. IV, p. 253.

[14] Tome IV, p. 341 et t. VI, p. 74 ; M. du Châtellier a reproduit cette assertion, sur la foi de Savary, t. IV, p. 443.

pruntées au Manifeste des chefs Vendéens ; Cormatin le déclare lui-même en toutes lettres.

Patu Des Hautschamps [1] se montre fort embarrassé. Il avoue à peu près l'existence des Articles Secrets, mais il voudrait en même temps justifier les Représentants, pour lesquels il professe autant d'estime que Louis Blanc et Larousse leur ont voué de haine et de mépris. « On peut croire, dit-il, que les plénipotentiaires républicains, dans la vue d'amener plus promptement les chefs insurgés à un accommodement, parlèrent du dessein qu'avait la Convention de changer la forme du gouvernement..... Si les chefs des insurgés crurent voir dans les concessions qu'on leur fit un acheminement au retour du régime qu'ils regrettaient, ce fut bien à tort. Les Représentants étaient de bonne foi ; ils ne trahirent point leur mandat. Ils ne voulurent point induire en erreur les chefs royalistes par des subterfuges et des mensonges; leur conduite dans cette circonstance est marquée au coin de la loyauté, et s'il leur échappa des mots à double entente, il faut plutôt les attribuer à l'imprudence d'hommes peu habitués au langage réservé des diplomates, qu'à l'envie de tromper leurs adversaires par des promesses fallacieuses. » Cette confiance dans la naïveté des Représentants est elle-même un peu trop naïve, et cette défense maladroite ressemble à un réquisitoire.

Mellinet [2], en citant l'autorité de Napoléon sur la question, sans contradiction, sans observation, semble l'adopter purement et simplement. Mellinet écrivait à Nantes, au milieu des souvenirs et des contemporains de la Pacification. Il n'y trouvait donc pas un démenti formel, absolu, à l'existence des fameux Articles.

Les *Mémoires sur la guerre civile de la Vendée*, par un ancien Administrateur des armées républicaines [3], ouvrage curieux, dont l'auteur a su beaucoup de choses et dit aux deux partis, à l'occasion, leurs vérités sans ménagement, sans avouer précisément l'existence d'Articles Secrets, relate les traités officiels, en ajoutant : «Tels étaient les Articles *patents*; » cette expression laisse bien supposer que, dans sa pensée intime, il en existait d'autres.

---

[1] *Dix ans de guerre intestine*, p. 364.
[2] *La Commune et la milice de Nantes*, t. IX. p. 24.
[3] Publié dans la Collection Baudouin, in-8°.

Louis Blanc évite de se prononcer. « Lorsque la nouvelle de la paix se fut répandue, dit-il, et qu'on en connut les conditions, elles parurent si fortement empreintes de royalisme, que cela donna lieu aux rumeurs les plus étranges. On prétendit que les envoyés de la Convention s'étaient engagés à rétablir la monarchie. On alla jusqu'à affirmer qu'une clause secrète promettait aux Royalistes le fils de Louis XVI, alors enfermé au Temple[1]. » Si les clauses apparentes du traité étaient ainsi dictées par les chefs vendéens, que n'auraient-ils pu exiger dans des clauses secrètes? Louis Blanc traite, du reste, les plénipotentiaires républicains avec le dernier mépris.

L'opinion de Villiaumé est aussi très défavorable aux négociateurs républicains.

« Il est certain, dit-il, qu'il n'y eut aucune stipulation de ce genre, quoique certains délégués conventionnels eussent laissé entrevoir aux officiers vendéens la possibilité de remettre un jour sur le trône le fils de Louis XVI... Cette double pacification ne fut qu'une trève honteusement achetée par les Commissaires de la Convention et bassement souscrite par les chefs de la révolte[2]. »

Enfin, Larousse, dont l'autorité est, d'ailleurs, bien légère, n'ose pas non plus nier l'existence d'Articles Secrets. Il avoue même qu'il y en eut, sans dire toutefois que la remise des Enfants et le rétablissement de la royauté en faisaient partie. Ses colères hyperboliques contre le traité de la Jaunaye, « qui restera la honte des révolutionnaires thermidoriens qui dominaient alors la Convention, et ne fut en réalité qu'un pacte entre la bassesse et le mensonge[3], » permettent de supposer qu'il croit au fond à l'existence de ces clauses plus qu'il ne voudrait l'avouer.

Ce n'est donc pas seulement entre les historiens de l'École royaliste et ceux de l'École révolutionnaire, mais entre les représentants de chacune de ces deux Écoles qu'existent l'antagonisme et la contradiction.

[1] *Histoire de la Révolution française*, t. XI, p. 379.
[2] *Histoire de la Révolution française*, t. IV, p. 228.
[3] *Grand dictionnaire universel du XIXe siècle*, v° Charette.

V

NAPOLÉON.

A côté et au-dessus des autorités si nombreuses et si diverses que nous venons de passer en revue, se place celle de Napoléon. Napoléon devait savoir le dernier mot sur la question des Articles; il avait eu sous ses yeux tous les documents qui la concernaient, dans sa main la plupart des hommes suspects d'y avoir prit part. Ce dernier mot, il a cru le dire; l'a-t-il dit en effet?

Voici ce qu'on lit dans ses Mémoires [1] :

«... Charette reçut avec dédain dans les premiers moments les ouvertures qui lui furent faites, et exigea, pour condition *sine quâ non* de toute négociation, le rétablissement du trône des Bourbons. Cependant une plus mûre réflexion amena ce chef habile à ouvrir les négociations sur des bases admissibles par le Gouvernement républicain.

« Le *Comité* de Salut public conduisit la négociation avec une grande habileté; il ne perdit pas de vue un seul instant qu'il traitait avec des rebelles à son autorité, et qu'il fallait avant tout leur faire poser les armes. Il écouta la question du retour des Princes, de la rentrée des exilés, de la remise immédiate à l'armée vendéenne du Dauphin et de Madame, de la reconnaissance, comme religion dominante, de la religion catholique, apostolique et romaine. Ses plénipotentiaires discutèrent toutes ces prétentions sans en rejeter aucune de prime abord; mais ils les ajournèrent toutes, sous le motif si évident qu'il fallait du temps pour amener les esprits au passage de la république à la royauté; enfin ils y mirent tant d'adresse qu'ils amenèrent Charette à signer, le 15 février, un Traité par lequel il déclarait que « les Vendéens se soumettaient aux lois de la République. » Cette seule disposition annulait toutes les autres qu'on avait à dessein stipulées dans des Articles Secrets.

«.... Charette, enivré des honneurs que lui rendaient les Représentants, donna tête baissée dans le piége de la Pacification...

« Les Articles Secrets du Traité de la Jaunaye donnent une juste idée de l'habileté des négociateurs républicains et de la crédulité des négociateurs vendéens; les voici :

« Les Républicains, convaincus qu'après plusieurs années de com-

[1] Édit. in-8°, 1823, t. VI, p. 278 ; — Commentaires, in-4°, impr. impér., t. V, p. 144, 148, 149.

« bats infructueux, ils ne peuvent assujétir ni détruire les Royalistes
« du Poitou et de la Bretagne, sont convenus des articles suivants :

« 1° La monarchie sera rétablie.

« 2° La religion catholique sera remise dans toute sa splendeur.

« 3° En attendant l'époque du rétablissement de la monarchie, les
« Royalistes resteront entièrement maîtres de leur pays ; ils auront
« des troupes soldées aux dépens de l'État, qui seront à l'entière dis-
« position de leurs chefs.

« 4° Les bons signés au nom du Roi, et qui ne s'élèvent qu'à
« 1,500,000 francs, seront acquittés sur les caisses de l'État. Les
« Royalistes garderont en outre tout ce qu'ils ont pris aux Répu-
« blicains.

« 5° Les chefs et les soldats Royalistes recevront de grosses som-
« mes pour les indemniser de leurs pertes et de leurs services.

« 6° Non-seulement on ne pourra imputer aux Royalistes rien de
« ce qui s'est passé, mais encore on lèvera le séquestre de leurs biens
« et de ceux de leurs parents condamnés.

« 7° Les émigrés qui se trouvent en Bretagne ou en Poitou seront
« censés n'être jamais sortis de France, parce qu'ils s'y sont battus
« pour le Roi.

« 8° Tous les Royalistes resteront armés jusqu'à l'époque du réta-
« blissement du Trône, et jusqu'à cette époque, ils seront exempts
« de milice, d'impôts et de réquisitions de tout genre.

« Tels furent ces Articles Secrets ; ils n'engageaient que ceux qui
les avaient proposés. On voit jusqu'où pouvait aller la confiance ou
plutôt la présomption des chefs signataires. Le dernier article surtout
était complétement illusoire, parce que l'époque du rétablissement du
trône était (n'était pas) indiquée, et parce que, dans un pays ruiné et
rebelle, il y avait impossibilité de lever des impôts et danger de lever
la milice. On comprend difficilement comment Charette et les autres
signataires de cet acte ont pu croire un seul instant qu'il serait de
bonne foi exécuté par le Gouvernement républicain. »

On voit que le blâme ici n'est pas pour ceux qui auraient été
trop habiles, mais pour ceux qui auraient été trop crédules ; pour
ceux qui tendirent *le piége*, mais pour ceux qui y tombèrent.

Morale toute politique, machiavélique même, que Napoléon
flétrit souvent chez ses ennemis, et qu'il appliqua lui-même dans
l'affaire de Frotté et dans celle du duc d'Enghien ! Elle ne con-
tribua pas à l'affermissement de son pouvoir, et elle a amoindri
sa mémoire.

Que faut-il penser du texte qu'il donne comme celui des Articles Secrets, et qui, si nous en croyons Boursault, serait sorti du cabinet de Cambacérès?

Il m'est, je l'avoue, impossible d'en admettre l'authenticité.

Un premier point me parait résulter bien positivement de l'interrogatoire de Charette et de l'ensemble des opinions même favorables à l'existence des Articles Secrets : ces Articles ne furent point l'objet de stipulations écrites.

Un écrit de cette importance aurait été daté et signé, et Napoléon en aurait donné la date et les signatures. Sans date, sans signatures, ce n'est qu'une feuille volante, un brouillon, un projet sans aucun caractère d'authenticité, sans valeur aucune.

Il ne renferme rien de relatif à la remise aux mains de Charette du jeune Louis XVII et de sa sœur, qui est le point sur lequel ce chef insiste le plus particulièrement dans les Manifestes.

Il s'agissait de conventions synallagmatiques, impliquant des engagements réciproques dont il n'y a pas trace dans ce document. Il semble plutôt dicté par des vainqueurs à des vaincus. Le *considérant* qui le précède est même tellement injurieux pour la République, tellement inutile en même temps, qu'on ne peut raisonnablement admettre que ses Représentants, quels qu'ils fussent, l'eussent accepté.

Ces termes vagues : « La monarchie sera rétablie… La religion catholique sera rétablie dans toute sa splendeur… Les Royalistes resteront entièrement maîtres de leur pays… Ils recevront de grosses indemnités… » peuvent avoir été jetés dans un programme destiné à la discussion, mais ne peuvent évidemment exprimer de clauses précisées et fixées par un débat contradictoire.

Enfin, les conditions qu'il renferme font, pour partie, double emploi, et sont, pour partie, contradictoires avec celles contenues dans les Arrêtés, notamment en ce qui concerne le chiffre des bons à rembourser.

Examinée avec attention, cette pièce ne peut inspirer aucune confiance.

Qu'au milieu de la confusion, des contradictions, des faiblesses et des audaces qui se croisaient à la Jaunaye, un Royaliste ait pris sur lui de l'écrire, un Républicain de la recevoir en communication, la chose est fort possible; — qu'elle ait été transmise aux Comités; que Cambacérès l'ait eue en sa possession, nous l'admettons encore; — mais elle n'a jamais constitué un traité entre les deux partis.

Ce qui subsiste, grave, terrible, irréfutable selon nous, c'est l'accusation portée ici contre le Comité de Salut public, directement, — et non pas seulement contre les négociateurs républicains, — d'avoir, avec l'intention, il est vrai, de ne pas les tenir, pris des engagements secrets, mais formels, vis-à-vis du chef Royaliste, au sujet du rétablissement de la royauté.

Napoléon connaissait bien les membres du Comité. Il savait le tarif de leur vertu, de leur courage, de leur patriotisme, de leur sincérité. Presque tous l'avaient servi. Par eux, par leur entourage, il avait été mis au courant de leur conduite passée dans ses plus intimes détails. Il avait d'ailleurs une pénétration incroyable et une mémoire égale à sa pénétration.

Quand il présente comme authentique une pièce non signée et qui n'émane pas de lui, il peut se tromper ; mais quand il affirme — sans intention de les blâmer, on ne saurait trop le répéter — que les membres du Comité étaient capables de traiter du rétablissement de la monarchie, que les circonstances générales les y autorisaient, et qu'ils en traitèrent en effet, il nous paraît impossible qu'il n'y ait pas là-dessous un fond de vérité.

<h2 style="text-align:center">VI</h2>

<h3 style="text-align:center">CONCLUSION.</h3>

Après avoir recherché avec soin, classé et même reproduit, autant que possible dans les textes originaux, les éléments si nombreux et si variés de ce problème des Articles Secrets, il nous reste à conclure.

Les observations que nous avons émises, chemin faisant, font assez pressentir nos conclusions, beaucoup plus réservées, beaucoup moins absolues que celles de la plupart des historiens, de toute couleur, que nous venons de citer.

Elles peuvent se résumer ainsi :

1° Il n'y eut jamais d'Articles Secrets écrits ; le témoignage de Charette et des autres négociateurs doit l'emporter ici sur le récit postérieur de Napoléon.

2° Il n'est pas davantage prouvé qu'il y ait eu des Articles proprement dits, discutés et arrêtés verbalement, en conférence, entre les Républicains et les Royalistes, et stipulant, soit le rétablissement de la monarchie, soit la remise des Enfants de France aux mains de Charette, soit l'un et l'autre de ces points.

3° Mais il paraît bien certain que des ouvertures, relatives à ces divers points ou à quelques-uns d'eux, furent, en dehors du Traité officiel, faites par des chefs Royalistes à quelques-uns des Représentants ; que ces ouvertures, au lieu d'être repoussées, furent accueillies avec une certaine bienveillance, et qu'il y fut répondu par des promesses plus ou moins formelles, plus ou moins évasives, selon le caractère de ceux qui les firent. Une grande incertitude subsistera toujours sur la question de savoir quels en furent les termes ; mais sur l'existence même des promesses, le témoignage de la plupart des officiers Royalistes, celui même de plusieurs de leurs adversaires, l'opinion publique du moment, et surtout l'autorité formelle de Napoléon, ne nous permettent pas d'hésiter.

4° Dans quelle mesure le Comité de Salut public fut-il mêlé à ce côté délicat et dangereux des négociations? On ne peut davantage le préciser. Nous ne croyons pas qu'il y ait pris collectivement une part quelconque. Que quelques-uns de ses membres aient individuellement encouragé les négociateurs à promettre beaucoup, sauf à ne tenir que peu, nous croyons qu'ils en étaient capables, et sans aller même aussi loin que Napoléon, nous sommes convaincus qu'ils le firent.

5° Les Représentants Républicains avaient-ils l'intention de tenir ces promesses ? La chose leur eût été bien difficile, quand ils l'auraient voulu. Très peu furent de bonne foi ; tous ou presque tous, si la cause des Bourbons eût alors triomphé, auraient réclamé le prix de ces promesses, en s'attribuant l'honneur du succès.

6° Les Royalistes étaient-ils eux-mêmes de bonne foi, en signant les traités de la Jaunaye et de la Mabilais ? Comme leurs ennemis, c'était plus tôt une trève qu'une paix définitive qu'ils avaient entendu conclure. Chacun, des deux côtés, comptait en utiliser les loisirs pour l'avancement de son parti et le recrutement de ses forces. Les Articles officiels ne furent à vrai dire scrupuleusement observés ni d'une part ni de l'autre ; mais qui pourrait nier que l'inexécution des Articles Secrets, ou du moins des promesses particulières à qui on a donné ce nom, n'ait été pour les Royalistes, sinon un motif principal, du moins un prétexte ou une excuse pour reprendre les armes ?

Quoi qu'il en soit, c'est un sujet bien digne de méditation pour l'historien, que cet état, sous la République, en 1795, de l'opinion publique, état qui permettait d'entrevoir et même de stipuler le rétablissement prochain de la monarchie; que cette attitude des régicides, négociateurs ou membres du Comité de Salut public, prenant leurs précautions vis-à-vis d'une monarchie que plusieurs d'entre eux devaient en effet servir plus tard avec zèle, sinon avec affection ; que cette vitalité de l'*inexplicable* Vendée.

Quelques milliers de paysans, en guenilles et en sabots, armés de broches en guise de fusils, des cocardes en papier à leur chapeau, commandés par des chefs dont l'histoire ignore le nom, se recrutant dans un pays à peine grand comme un département, toujours vaincus, anéantis jusqu'au dernier si l'on en croit les Bulletins de leurs adversaires, épuisés en réalité par les supplices autant que par les combats, puisqu'on ne leur faisait point de grâce, et qu'en échange des prisonniers qu'ils rendaient, on ne leur en rendait jamais, ont fini par obtenir de la grande République, victorieuse de l'Europe coalisée, qu'elle traitât avec eux de puissance à puissance ; ses Représentants sont même descendus à des subterfuges pour arracher leur soumission, et ce n'est qu'en les trompant qu'on a pu achever de les vaincre. Il y a là quelque chose d'aussi intéressant que ce qu'on est convenu d'appeler les grandes journées de la Révolution, quoique dans un cadre plus restreint; d'aussi étonnant que les premières victoires des insurgés, quoique moins brillant, et, même réduite aux proportions plus modestes où nous avons essayé, avec l'étude et le bon sens, de la ramener, la question des Articles Secrets reste une des pages les plus curieuses de l'histoire de la Convention comme de celle de la Vendée.
